Das Lösen einer Klausur stellt sich in 4 Schritten dar:

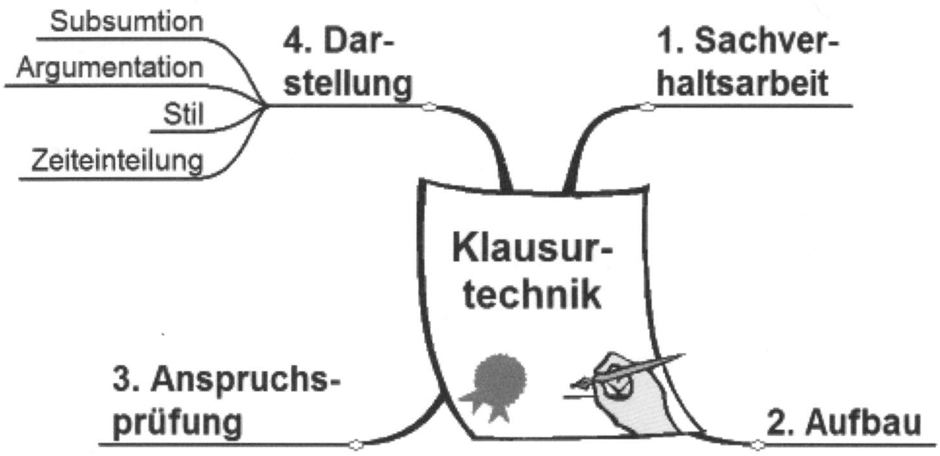

Zunächst geht es darum, den Sachverhalt zu erfassen.

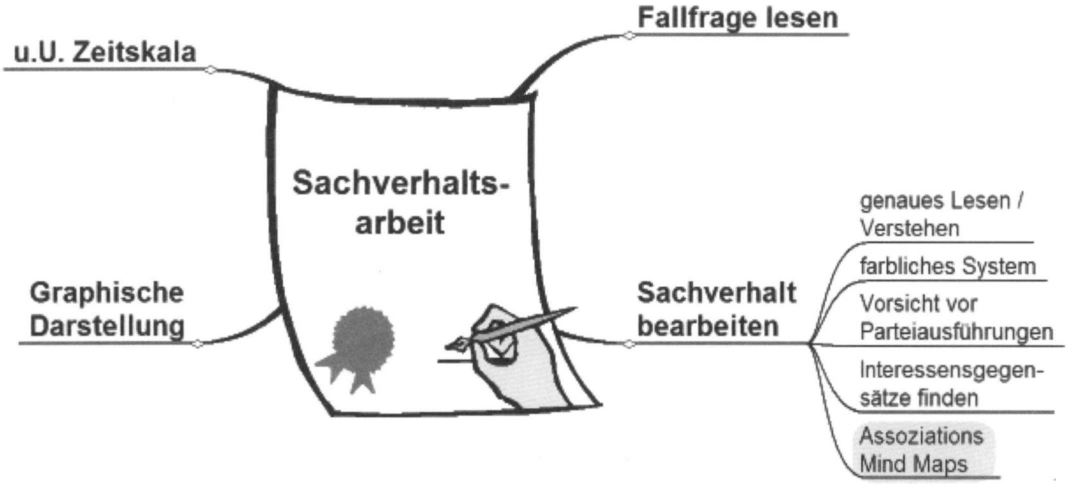

Es sollte zunächst die **Fallfrage gelesen** werden, um schon beim ersten Lesedurchgang besser vorbereitet zu sein.
Das Verständnis für den Fall kann erheblich gesteigert werden, indem man beim Durchlesen des Sachverhalts versucht, sich das ganze als **inneren Film** vorzustellen. Man wird im Examen dann nichts mehr durcheinander bringen und muss vor allem nicht mehr so häufig im Sachverhalt nachschlagen.
Am Anfang wird man dafür noch etwas mehr Zeit benötigen. Nach und nach wird dies jedoch parallel zum Lesen erfolgen. Man wird sich bei der Lösung des Falles besser in die Beteiligten hineinversetzen, die Interessensgegensätze aufspüren und außerdem viel leichter Argumente finden.

Grafische Darstellungen bei Mehrpersonen-Verhältnissen und Zeitskalen (vor allem bei Erbrechts- oder Grundbuchklausuren) erleichtern das Verstehen des Sachverhalts. Ein Punkt, der mehr Bezug zu den neuen Lerntechniken hat und auf den deswegen in diesem Rahmen eingegangen werden soll, sind so genannte Assoziations-Mind Maps.
Da man im Examen ausschließlich den Sachverhalt erhält, muss folglich jeder Punkt, der in der Musterlösung erwartet wird, irgendwo im Sachverhalt seinen Anklang finden. Der Sachverhalt stellt somit eine verschlüsselte Lösung dar. Es geht folglich darum, alle angelegten Probleme zu erkennen. Das Gehirn denkt nicht in linearer Form, sondern assoziativ. Dies sollte man bei der Sachverhaltsarbeit beachten.
Das assoziative Denken soll nun an ein paar Stellen des Sachverhalts veranschaulicht werden.

Liest man im ersten Satz des Sachverhalts das Wort „Angestellter", sollte man unter anderem an die §§ 611 ff., 855 BGB und die Zurechnungsvorschriften denken. Dies hält man am besten sofort in einer Mind Map fest, da andernfalls die besten Ideen oftmals wieder verloren gehen. Weiter liest man im Sachverhalt, dass er sich zusätzlich Geld schwarz verdiene.

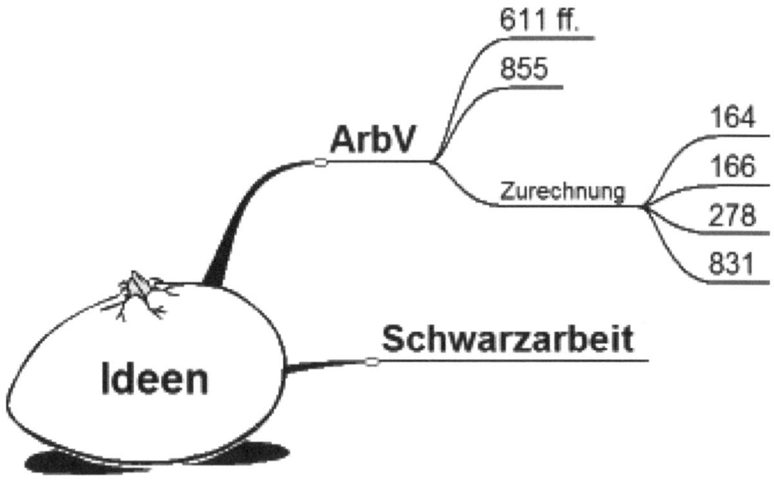

Im Rahmen des hemmer-Hauptkursprogramms gibt es bereits einen Fall (Fall 8), der sich ebenfalls mit dem Thema Schwarzarbeit beschäftigte. An diesem Fall konnte man erkennen, dass sich allein daraus, dass der Klausurersteller das Wort „Schwarzarbeit" verwendet, eine Fülle von Problemen ergeben. Es ist wichtig, solche Problemkreise zu erkennen und zu diesen Mind Maps zu erstellen, damit man im Examen nicht lange nachdenken muss. Hat man im Hauptkurs effektiv mitgearbeitet, hat man sich zu dem früheren Fall z.B. bereits folgende Mind Map erstellt:

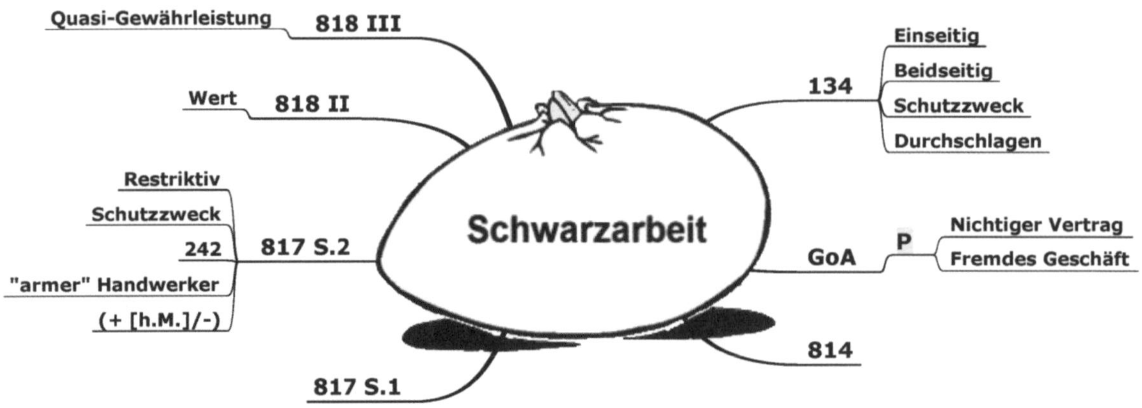

Diese sollte alle Probleme enthalten, die auch im Examen relevant sind, wenn es um das Thema Schwarzarbeit geht. Hat man diese Mind Map bereits im Wiederholungszyklus durchlaufen lassen, kann man im Examen sicher sein, sich an alle Problempunkte zu erinnern. In obiger Assoziations - Mind Map könnte man nun diejenigen Punkte aus der Problemkreis - Mind Map „Schwarzarbeit" aufnehmen, von denen man glaubt, dass sie auch im vorliegenden Fall relevant sind.

Wir gehen nun noch auf ein paar weitere ausgewählte Stellen des Sachverhalts ein. Im Examen würde man natürlich jeden Satz genau unter die Lupe nehmen.
Liest man z.B. im vorliegenden Sachverhalt etwas über „Eigenheim renovieren", könnte das unter anderem ein Hinweis auf die §§ 946 ff. BGB sein.

hemmer/wüst Verlag

Kurzskript

Klausurtechnik und Argumentation mit Mind Mapping

4. Auflage

ANWENDUNGSORIENTIERT

▪

PRAKTISCH

▪

EFFIZIENT

LERNEN MIT DER HEMMER-METHODE

UNSERE HAUPTKURSE ZIVILRECHT - ÖFFENTLICHES RECHT - STRAFRECHT

Ab dem 5. - 6. Semester werden Sie sich erfahrungsgemäß für unsere Examensvorbereitungskurse interessieren. Hören Sie kostenlos Probe und besuchen Sie unsere Infoveranstaltungen.

IM REPETITORIUM GILT DANN: LERNEN AM EXAMENSTYPISCHEN FALL! WIR ORIENTIEREN UNS AM NIVEAU DES EXAMENSFALLS.

Gemäß unserem Berufsverständnis als Repetitorinnen und Repetitoren vermitteln wir Ihnen nur das, worauf es ankommt: Wie gehe ich bestmöglich mit dem großen Fall, dem Examensfall, um. Aus diesem Grund konzentrieren wir uns nicht auf Probleme in einzelnen juristischen Teilbereichen. Bei uns lernen Sie, mit der Vielzahl von Rechtsproblemen fertig zu werden, die im Examensfall erkannt und zu einem einheitlichen Ganzen zusammengesetzt werden müssen („Struktur der Klausur"). Verständnis für das Ineinandergreifen der Rechtsinstitute und die Entwicklung eines Problembewusstseins sind zur Lösung typischer Examensfälle notwendig.

Ausgangspunkt unseres erfolgreichen Konzepts ist die generelle Problematik der Klausur oder Hausarbeit: Der Bearbeiter steht bei der Falllösung zunächst vor einer Dekodierungs- (Entschlüsselungs-) und dann vor einer (Ein-) Ordnungsaufgabe: Der Examensfall kann nur mit juristischem Verständnis und dem entsprechenden Begriffsapparat gelöst werden. Damit muss Wissen von vorneherein unter Anwendungsgesichtspunkten erworben werden. Abstraktes, anwendungsunspezifisches Lernen genügt nicht.

Man hofft auf die leichten Rezepte, die Schemata und den einfachen Rechtsprechungsfall. Die unnatürlich klare Zielsetzung der Schemata lässt aber keine Frage offen und suggeriert eine Einfachheit, die im Examen nicht besteht. Auch bleibt die der Falllösung zugrunde liegende juristische Argumentation auf der Strecke. Mit einer solchen Einstellung wird aber die korrekte, sachgerechte Lösung von Klausur und Hausarbeit verfehlt.

ERSTELLER ALS „IMAGINÄRER GEGNER"

Der Ersteller des Examensfalls hat auf verschiedene Problemkreise und ihre Verbindung geachtet. Diesen Ersteller muss der Student als imaginären Gegner bei seiner Falllösung berücksichtigen. Er muss also versuchen, sich in die Gedankengänge, Annahmen und Ideen des Erstellers hineinzudenken und dessen Lösungsvorstellung wie im Dialog möglichst nahe zu kommen. Dazu gehört auch der Erwerb von Überzeugungssystemen, Denkmustern und ethischen Standards, die typischerweise und immer wieder von Klausurenerstellern den Examensfällen zugrunde gelegt werden.

Wir fragen daher konsequent bei der Falllösung:
Was will der Ersteller des Falls („Sound")?
Welcher „rote Faden" liegt zugrunde („main-street")?
Welche Fallen gilt es zu erkennen?
Wie wird bestmöglicher Konsens mit dem Korrektor erreicht?

Wer sich überwiegend mit Grundfällen und dem Auswendiglernen von Meinungen beschäftigt, dem fehlt zum Schluss die Zeit, Examenstypik einzutrainieren. Es droht das Schreckgespenst des „Subsumtionsautomaten". Examensfälle zu lösen ist eine praktische und keine theoretische Aufgabe.

SPEZIELLE AUSRICHTUNG AUF EXAMENSTYPIK

Die Thematik der Examensfälle ist bei uns auffällig häufig vorher im Kurs behandelt worden. Auch in Zukunft ist damit zu rechnen, dass wir mit Ihnen innerhalb unseres Kurses die examenstypischen Kontexte besprechen, die in den nächsten Prüfungsterminen zu erwarten sind.

Schon beim alten Seneca galt: „Wer den Hafen nicht kennt, für den ist kein Wind günstig". Vertrauen Sie auf unsere Expertenkniffe. Seit 1976 analysieren wir Examensfälle und die damit einhergehenden wiederkehrenden Problemfelder. Problem erkannt, Gefahr gebannt. Die „hemmer-Methode" setzt richtungsweisende Maßstäbe und ist Gebrauchsanweisung für Ihr Examen.

Das Repetitorium hemmer ist bekannt für seine Spitzenergebnisse. Sehen Sie dieses Niveau als Anreiz für Ihr Examen. Orientieren Sie sich nach oben, nicht nach unten.

Unsere Hauptaufgabe sehen wir aber nicht darin, nur Spitzennoten zu produzieren: Wir streben auch für Sie ein solides Prädikatsexamen an. Regelmäßiges Training an examenstypischem Material zahlt sich also aus.

GEHEN SIE MIT DEM SICHEREN GEFÜHL INS EXAMEN, SICH RICHTIG VORBEREITET ZU HABEN. GEWINNEN SIE MIT DER „HEMMER-METHODE".

www.repetitorium-hemmer.de

Mergentheimer Str. 44 / 97082 Würzburg
Tel.: 0931 - 7 97 8 2 30 / repetitorium@hemmer.de

@byhemmer

In juristischen Prüfungen reicht die bloße Wissenswiedergabe nicht aus. Das Wissen muss dem Korrektor fachspezifisch nach festgelegten Regeln präsentiert werden. Das vorliegende Kurzskript gibt einen Einblick in die allgemeine Klausurtechnik anhand eines komplexen Zivilrechtsfalls. In diesem Rechtsgebiet bestehen erfahrungsgemäß die meisten Probleme. Hat man die grundlegenden Prinzipien der Fallbearbeitung einmal verstanden, fällt die Anwendung in den anderen Rechtgebieten leicht.

Auch wenn sich die folgenden Ausführungen auf die Bearbeitung einer Klausur für das Erste juristische Staatsexamen beziehen, sind diese für Referendarinnen und Referendare nicht weniger wichtig. Denn wofür man im Ersten Staatsexamen noch 2 bis 2 ½ Stunden Zeit hatte, wird man im Zweiten Staatsexamen kaum mehr die Hälfte an Zeit zur Verfügung haben. Man geht davon aus, dass die folgenden Schritte durch das Erste Staatsexamen nun weitgehend beherrscht werden.

Auch im Öffentlichen Recht und im Strafrecht ist entscheidend, wie gut man sich einen Überblick über die Inhalte dieser beiden Rechtsgebiete verschafft hat. Hierfür wiederum lässt sich das Mind Mapping in idealer Weise einsetzen. Es hat sich gezeigt, dass dies eine der effektivsten Lernmethoden ist.

Im Bereich des Öffentlichen Rechts ist es unter anderem sehr hilfreich, sich z.B. auf einer Seite in Form einer Mind Map eine Übersicht über die verschiedenen Klagearten zu machen. Oftmals ist man von den vielen verschiedenen Arten der Klagen (Anfechtungsklage, Verpflichtungsklage, Normenkontrollklage, Feststellungsklage usw. ...) verwirrt. Hat man sich diese jedoch einmal auf einer Seite zusammengefasst, verliert das Ganze schnell seinen Schrecken, weil man nun eine Übersicht bekommt und das limbische System und damit das Gefühl beruhigt ist. Der erste Überblick ist geschafft.

Als nächstes beginnt man, Unter - Mind Maps mit dem Zulässigkeitsschema der einzelnen Klagearten zu erstellen. Zusätzlich vermerkt man zu jeder Klageart, welche Prüfungspunkte und damit Fragestellungen in der Begründetheit sich jeweils vorfinden (besonders wichtig für ausgefallene Ansprüche wie z.B. den Folgenbeseitigungsanspruch). Für die Begründetheitsprüfung kommt es nun im Examen hauptsächlich darauf an, wie gut man sich zu den einzelnen Gebieten (Baurecht, Kommunalrecht usw. ...) Übersichten erstellt hat. Dies natürlich nicht in linearer Form, da diese zu schematischem Arbeiten verleiten, sondern in Mind Map - Form.
Kennt man sich dann noch im Umgang mit Ermessensentscheidungen und unbestimmten Rechtsbegriffen aus und hat sich die Lerninhalte mit Hilfe der richtigen Lerntechnik erschlossen, wird man mit dem Aufbau einer Klausur keine Probleme haben.

Auch im Strafrecht ist es hilfreich, sich schrittweise für jede Begehungsform (vorsätzliches Begehungsdelikt, Fahrlässigkeitsdelikt, Unterlassen, Versuch usw. ...) ein Schema in Mind Mapping - Form anzulegen. Anschließend kann man damit beginnen, für die wichtigsten Delikte (§§ 242, 249, 263 StGB usw. ...) Mind Maps über die Tatbestandsvoraussetzungen anzulegen. Gerade in einer Mind Map lassen sich die Beziehungen zwischen dem objektiven und dem subjektiven Tatbestand ideal mit Verbindungslinien einzeichnen. Man sollte sich auf den Ästen in der Mind Map mit Symbolen auch vermerken, wo Definitionen erforderlich sind oder an welchen Stellen im Examen häufig Meinungsstreitigkeiten oder Problemkreise abgefragt werden.

Speziell zur Klausurtechnik gibt es im Strafrecht nur wenige Punkte zu beachten. So z.B., dass man zunächst Tatkomplexe bildet und innerhalb dieser nach Beteiligten unterteilt, wobei man grundsätzlich mit dem Tatnächsten beginnt (vor allem Täter vor Teilnehmer). Bei Mittäterschaft muss man schließlich noch die beiden Aufbauvarianten (zusammen oder getrennt) kennen und wissen, wann welche anzuwenden ist. Das Auffinden aller Straftatbestände erleichtert natürlich ein Blick ins Inhaltsverzeichnis. Für die Reihenfolge (grundsätzlich schwerere vor leichteren) ist noch auf den Aufbau bei Privilegierung, Qualifikationen oder Erfolgsqualifikationen zu achten. Schließlich ist immer auch auf die Konkurrenzen einzugehen. So schließen Sie die Klausur gut ab. Der erste und der letzte Eindruck entscheiden.

Im Zivilrecht fällt es dagegen erfahrungsgemäß schwerer, den richtigen Aufbau zu finden und alle im Sachverhalt angelegten Probleme zu erkennen. Die Vorgehensweise soll nun anhand des vielleicht anspruchsvollsten Falles 8a - BGB AT aus dem hemmer-Hauptkursprogramm besprochen werden. Daran haben sich schon einige Juristinnen und Juristen „die Zähne ausgebissen“.

BGB-AT Sachverhalt

Fall 8a

(Vertiefungsfall)

K hört über S, einen Angestellten des Malermeisters E, dass dieser sich des Öfteren durch private Malerarbeiten zusätzlich Geld „schwarz" verdiene, ohne in der Handwerksrolle eingetragen zu sein und ohne einen Gewerbebetrieb angemeldet zu haben.

K sieht eine günstige Gelegenheit, die nötigen Renovierungen in seinem Eigenheim billig erledigen zu lassen. Man wird sich einig, dass S diese Arbeiten ausführen, das heißt vor allem Geländer, Wände und Fußböden streichen soll. S bringt dann bei Arbeitsantritt acht Farbeimer mit, die er ohne Wissen seines Chefs aus dessen Geschäft genommen hat. Nach Beendigung der Malerarbeiten übergibt S dem K die nachstehende Rechnung.

Rechnung:

Arbeitslohn für 40 Stunden	*440 €*
2 Farbtöpfe Marke XY für Fußbodenanstrich (à 35 €)	*70 €*
4 Farbeimer für Wandanstrich (à 20 €)	*80 €*
2 Farbtöpfe für Holzgeländer (à 30 €)	*60 €*
	-------------
	650 €

K zahlt den Betrag gleich an S. Bald entdeckt E die Lücke im Bestand seiner Farben. S gesteht, sie entwendet zu haben. E möchte nun wissen, wen er wegen der Farben in Anspruch nehmen und was er hierfür verlangen kann. K lehnt eine Ersatzverpflichtung entschieden ab: Er habe an seinen Vertragspartner ordnungsgemäß bezahlt, mit E habe er nichts zu tun. Im Übrigen weist er darauf hin, dass S nicht sachgemäß gearbeitet habe: Der neue Wandanstrich blättere, die Farbe müsse kostspielig wieder entfernt (Beseitigungskosten ca. 150 €) und neu aufgetragen werden; so habe er selbst letztlich nur Nachteile erlitten. Er werde seinerseits Ansprüche gegen S erheben.

Über die Ansprüche ist ein Gutachten zu erstellen.

Im Sachverhalt steht z.B. auch, dass der S „ohne Wissen seines Chefs aus dessen Geschäft“ acht Farbeimer „genommen hat“. Natürlich würde man assoziativ sofort an den § 935 BGB denken und diesen in die Mind Map eintragen. An diesen Ast könnte man auch noch den § 185 II BGB hängen, der oftmals in diesem Zusammenhang eine Rolle spielt. Im Hauptkurs in München hat Herr Wüst für jemanden, der stiehlt, betrügt usw., den Name „Schweinehund“ eingeführt. Auch dies stellt einen Problemkreis dar, da so ein Schweinehund bestimmte Probleme und Anspruchsgrundlagen mit sich bringt (Schweinehundvariante!).

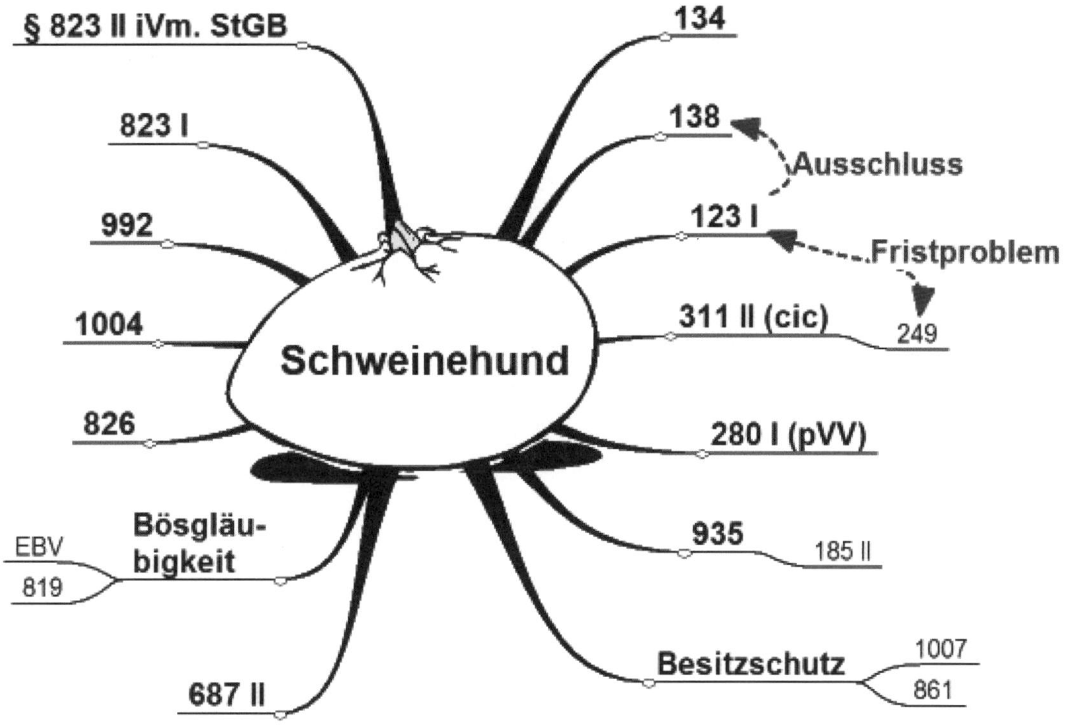

Mit der Erstellung dieses Problemkreises hätte man bereits beim Fall 1 BGB AT des hemmer-Hauptkurses beginnen können, da dort bereits jemand auftritt, der betrügt. Wenn in weiteren Fällen des Hauptkurses wieder ein Schweinehund und ein neues rechtliches Problem auftauchen, kann man diese Mind Map immer weiter ergänzen.
In unsere Assoziations - Mind Map für den Fall 8a würde man nun einen weiteren Ast Schweinehund einzeichnen und diejenigen Probleme aus der vorstehenden Map aufnehmen, von denen man glaubt, dass sie für diesen Fall relevant sind.

Warum findet man in einem Sachverhalt eine Rechnung? Dem Ersteller könnte es um das Problem des Kalkulationsirrtums gehen (offener, verdeckter / Problem: Anfechtung, Motivationsirrtum?) oder es ergeben sich Probleme bei der Haftungsausfüllung. Man kann nun zunächst beide Ideen in die Mind Map aufnehmen. Wenn man später feststellt, dass es vorliegend nicht um das Problem Kalkulationsirrtum geht, kann man diesen Punkt schnell wieder herausstreichen. Lieber zu viel aufnehmen, als einen wichtigen Punkt vergessen.
Das Vorbringen des K im zweiten Abschnitt („er hat ordnungsgemäß bezahlt“, „mit E habe er nichts zu tun“ usw.) liefert dem Bearbeiter der Klausur sogar schon einiges an Argumentationshilfen und Hinweisen auf Probleme der Klausur (In Drei – Personen – Verhältnissen gilt der Grundsatz: Es wird im jeweiligen Schuldverhältnis rückabgewickelt, ein Durchgriff findet grundsätzlich nicht statt (Subsidiarität der Nichtleistungskondiktion, aber gerade die Ausnahmen sind examensrelevant) / Relativität der Schuldverhältnisse im Gegensatz zur Absolutheit der dinglichen Rechte usw.).
Der Satz, dass „S nicht sachgemäß gearbeitet habe“, führt direkt zu dem Problem der Quasigewährleistung. Das sollte man sofort in die Mind Map aufnehmen, bevor man es wieder vergisst.

Wenn man auf diese Weise sauber Satz für Satz des Sachverhalts durchgeht, hätte man nun übersichtlich auf einer Seite alle Probleme, Anspruchsgrundlagen, Hilfsnormen usw., die in der Lösung auftauchen sollten. Diese Mind Map sollte man bei der weiteren Bearbeitung des Falles immer im Auge behalten und vor allem am Ende kontrollieren, ob in der eigenen Lösung jeder relevante Punkt enthalten ist.

Das Ganze trainiert man am besten in der umgekehrten Reihenfolge. Ausgehend von der Lösung eines Falles schreibt man sich in eine Mind Map alle Anspruchsgrundlagen, Hilfsnormen, Problemkreise und was sonst noch Wichtiges im Fall vorkommt. Vor allem die Punkte, von denen man glaubt, dass man sie selbst nicht gesehen hätte, markiert man sich besonders. Anschließend ordnet man nun jeden Punkt einem Satz im Sachverhalt zu. Eine Zuordnung ist immer möglich, wenn auch manchmal über Ecken, da man ja nur den Sachverhalt zur Verfügung hat und in diesem daher auch alles seinen Anklang finden muss. Hat man das ein paar mal gemacht, wird es im Examen nicht weiter schwer fallen, genau zu wissen, welches Problem der Klausurersteller aufgrund welchen Wortes im Sachverhalt in der Lösung sehen möchte.

Doch so kann man seine Arbeit im Examen leider noch nicht abgeben. Es geht im nächsten Schritt nun darum, den Aufbau der Klausur herauszuarbeiten. Dieser muss sich an der Fallfrage orientieren.

Beispielhaft folgende Fallfragen:

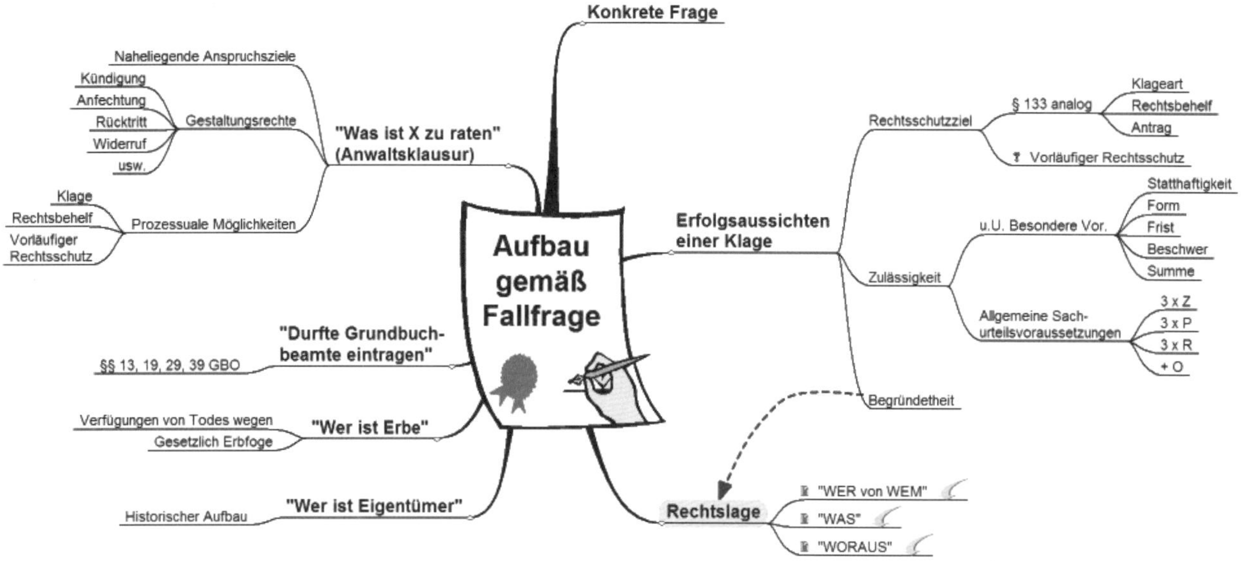

Am einfachsten ist der Aufbau bei einer konkreten Fallfrage (Kann A von B Herausgabe des Fahrrads verlangen?). Manche Fallfrage bedingt einen bestimmten Aufbau, wie z.B. die Frage nach dem Eigentum den historischen Aufbau. Zum Teil ist auch nach den Erfolgsaussichten einer Klage gefragt. Dann muss man sich zusätzlich noch um Prozessuales Gedanken machen.
Schwierig ist zumeist die Frage nach der allgemeinen Rechtslage, wie auch im vorliegenden Fall. Hier stellt man sich am besten die bekannte Frage „WER von WEM will WAS WORAUS". Geht man diese Schritte jeweils in Gedanken konsequent durch, kann man im Examen so manchen Fehler vermeiden.
Im ersten Schritt („WER von WEM") müssen zunächst die möglichen Anspruchsgegner gesucht werden.
Zurück zu unserem Fall: Hier macht es Sinn, folgende Zweipersonenverhältnisse zu bilden:

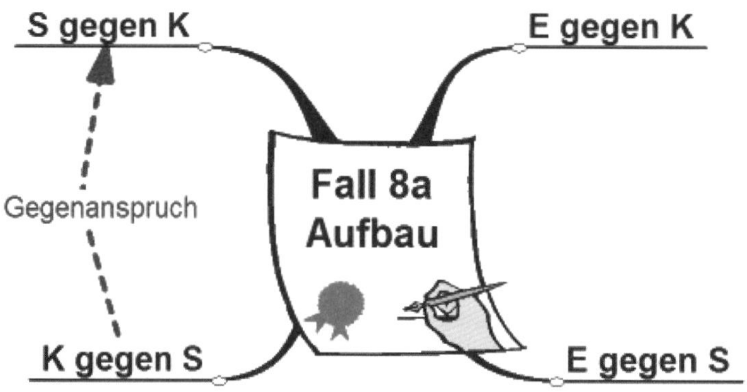

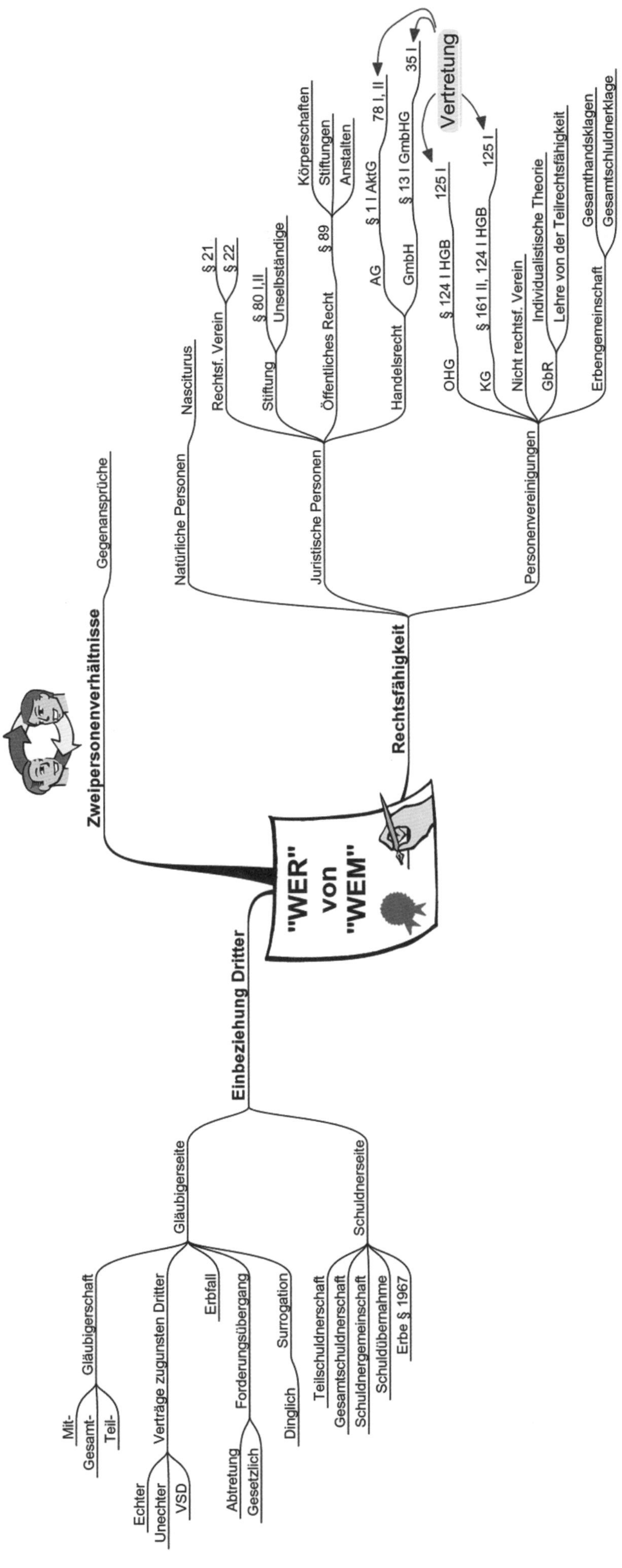
"WER" von "WEM"
Zweipersonenverhältnisse
Gegenansprüche
Rechtsfähigkeit
Natürliche Personen
Nasciturus
Juristische Personen
Rechtsf. Verein
§ 21
§ 22
Stiftung
§ 80 I,II
Unselbständige
Öffentliches Recht
§ 89
Körperschaften
Stiftungen
Anstalten
Handelsrecht
AG
§ 1 I AktG
78 I, II
GmbH
§ 13 I GmbHG
35 I
Vertretung
Personenvereinigungen
OHG
§ 124 I HGB
125 I
KG
§ 161 II, 124 I HGB
125 I
Nicht rechtsf. Verein
GbR
Individualistische Theorie
Lehre von der Teilrechtsfähigkeit
Erbengemeinschaft
Gesamthandsklagen
Gesamtschuldnerklage
Einbeziehung Dritter
Gläubigerseite
Gläubigerschaft
Mit-
Gesamt-
Teil-
Verträge zugunsten Dritter
Echter
Unechter
VSD
Erbfall
Forderungsübergang
Abtretung
Gesetzlich
Surrogation
Dinglich
Schuldnerseite
Teilschuldnerschaft
Gesamtschuldnerschaft
Schuldnergemeinschaft
Schuldübernahme
Erbe § 1967

Auf dieser Stufe sollte man sich auch immer kurz fragen, ob Probleme hinsichtlich der Rechtsfähigkeit bestehen (siehe unten: Mind Map „WER von WEM"). Obwohl man im Hauptkurs unzählige Male hierauf hingewiesen wird, vergisst man diese einfachen Punkte im Examen häufig im Eifer des Gefechts.
Bei natürlichen Personen – wie im vorliegenden Fall – bestehen (vom nasciturus abgesehen) keine Probleme. Letztlich sollte man auf dieser Stufe noch an eine mögliche Einbeziehung Dritter denken (siehe Mind Map „WER von WEM").

Auf der nächsten Stufe macht man sich nun über das „WAS" Gedanken. Man überlegt sich, welche wirtschaftlichen Ziele die einzelnen Personen verfolgen könnten. Dies erleichtert enorm die anschließende Suche nach den konkret passenden Anspruchsgrundlagen. Dabei können z.B. unter anderem folgende Ziele in Betracht kommen:

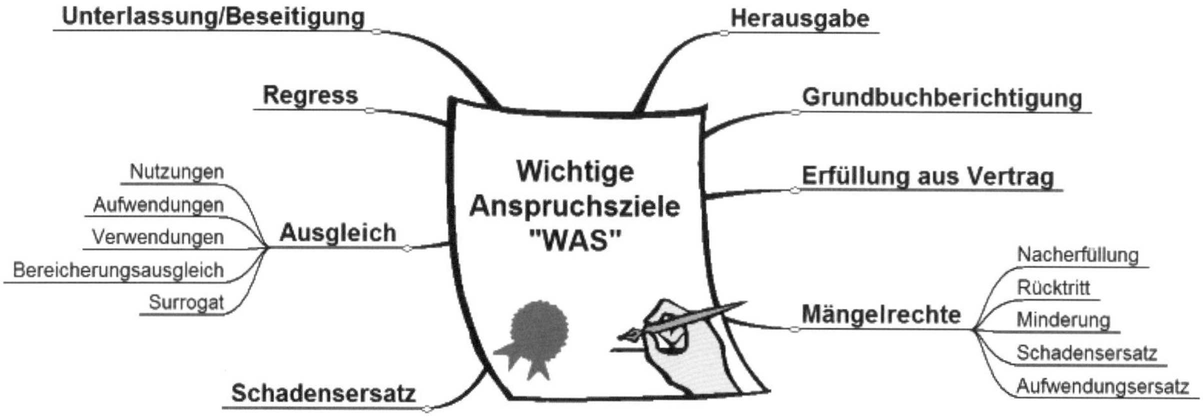

Für das erste Zweipersonenverhältnis E gegen K kommen folgende **Anspruchsziele (Rechtsfolgen)** in Betracht: Herausgabe der Farben (auch wenn dies im Gutachten natürlich wegen des gesetzlichen Eigentumserwerbs sofort abgelehnt werden muss), Schadensersatz und Ausgleich (denn der K hat nun die Farbe des E an der Wand).

Dank dieser Vorarbeit wird es leichter fallen, in einem nächsten Schritt die passenden **Anspruchsgrundlagen** zu finden.

In der Mind Map „Die wichtigsten Anspruchsgrundlage – WORAUS" (siehe folgende Seite) sind die wichtigsten Normen zusammengefasst. Diese sind dabei in der Reihenfolge angeordnet, wie man sie auch im Examen gedanklich durchgehen würde (Vertraglich – Quasivertraglich – GoA usw. ...). Man könnte die Anspruchsgrundlagen natürlich auch nach Anspruchszielen sortieren, also z.B. eine Mind Map mit allen Regressansprüchen erstellen oder eine Mind Map mit allen Anspruchsgrundlagen, die Schadensersatz gewähren. Übersichtlich finden Sie diese Anspruchsgrundlagen geordnet nach der Rechtsfolge in unseren Skripten, insbesondere Schadensersatz I-III, Herausgabeansprüche, Rückgriffsansprüche. Beispielhaft ist eine Mind Map angefügt, in der die wichtigsten Herausgabeansprüche aufgeführt sind (siehe Mind Map „Herausgabe").

Orientieren Sie sich an den von uns erstellten Mind Maps. Mit zunehmendem Fortschritt erstellen Sie sich Ihre Mind Maps selbst.

Geht man die Mind Map mit den Anspruchsgrundlagen durch, bleibt man bzgl. der Ansprüche des E gegen K hinsichtlich der Herausgabe nur beim § 985 BGB hängen. Hinsichtlich des Schadensersatzes sind nur die §§ 989, 990 BGB und hinsichtlich des Ausgleichs § 951 BGB relevant.

Spielt man dies nun mit allen Zweipersonenverhältnissen durch, kommt man auf folgendes Ergebnis:

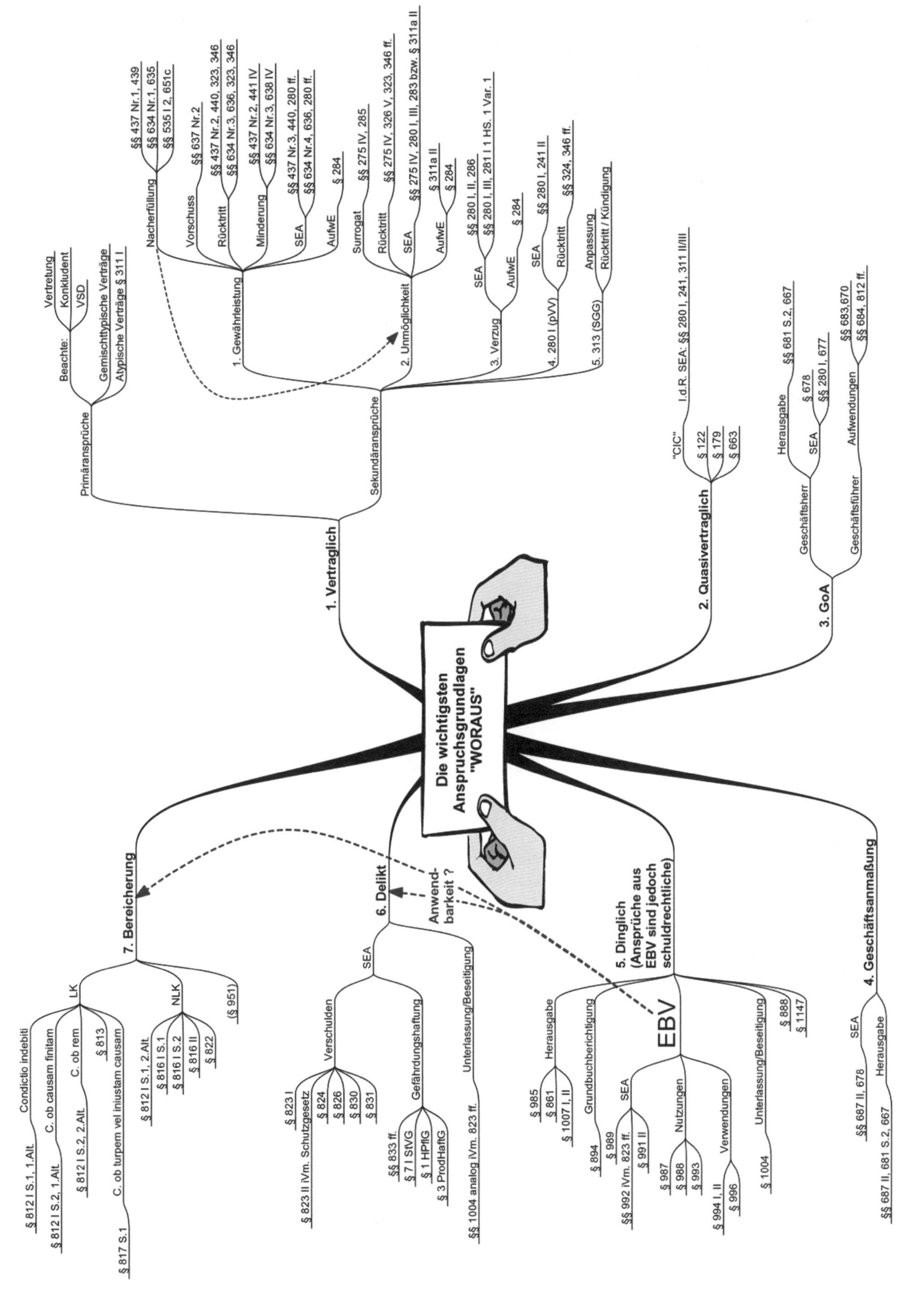
Die wichtigsten Anspruchsgrundlagen "WORAUS"
1. Vertraglich
Primäransprüche
Beachte:
Vertretung
Konkludent
VSD
Gemischttypische Verträge
Atypische Verträge § 311 I
Sekundäransprüche
1. Gewährleistung
Nacherfüllung
§§ 437 Nr.1, 439
§§ 634 Nr.1, 635
§§ 535 I 2, 651c
Vorschuss
§§ 637 Nr.2
Rücktritt
§§ 437 Nr.2, 440, 323, 346
§§ 634 Nr.3, 636, 323, 346
Minderung
§§ 437 Nr.2, 441 IV
§§ 634 Nr.3, 638 IV
SEA
§§ 437 Nr.3, 440, 280 ff.
§§ 634 Nr.4, 636, 280 ff.
AufwE
§ 284
2. Unmöglichkeit
Surrogat
§§ 275 IV, 285
Rücktritt
§§ 275 IV, 326 V, 323, 346 ff.
SEA
§§ 275 IV, 280 I, III, 283 bzw. § 311a II
AufwE
§ 311a II
§ 284
3. Verzug
SEA
§§ 280 I, II, 286
§§ 280 I, III, 281 I 1 HS. 1 Var. 1
AufwE
§ 284
4. 280 I (pVV)
SEA
§§ 280 I, 241 II
Rücktritt
§§ 324, 346 ff.
5. 313 (SGG)
Anpassung
Rücktritt / Kündigung
2. Quasivertraglich
"CIC"
I.d.R. SEA: §§ 280 I, 241, 311 II/III
§ 122
§ 179
§ 663
3. GoA
Geschäftsherr
Herausgabe
§§ 681 S.2, 667
SEA
§ 678
§§ 280 I, 677
Geschäftsführer
Aufwendungen
§§ 683,670
§§ 684, 812 ff.
4. Geschäftsanmaßung
SEA
§§ 687 II, 678
Herausgabe
§§ 687 II, 681 S.2, 667
5. Dinglich (Ansprüche aus EBV sind jedoch schuldrechtliche)
Herausgabe
§ 985
§ 861
§ 1007 I, II
Grundbuchberichtigung
§ 894
EBV
SEA
§ 989
§§ 992 iVm. 823 ff.
§ 991 II
Nutzungen
§ 987
§ 988
§ 993
Verwendungen
§ 994 I, II
§ 996
Unterlassung/Beseitigung
§ 1004
§ 888
§ 1147
6. Delikt
Anwendbarkeit ?
SEA
Verschulden
§ 823 I
§ 823 II iVm. Schutzgesetz
§ 824
§ 826
§ 830
§ 831
Gefährdungshaftung
§§ 833 ff.
§ 7 I StVG
§ 1 HPflG
§ 3 ProdHaftG
Unterlassung/Beseitigung
§§ 1004 analog iVm. 823 ff.
7. Bereicherung
LK
Condictio indebiti
§ 812 I S.1, 1.Alt.
C. ob causam finitam
§ 812 I S.2, 1.Alt.
C. ob rem
§ 812 I S.2, 2.Alt.
§ 813
C. ob turpem vel iniustam causam
§ 817 S.1
NLK
§ 812 I S.1, 2.Alt.
§ 816 I S.1
§ 816 I S.2
§ 816 II
§ 822
(§ 951)

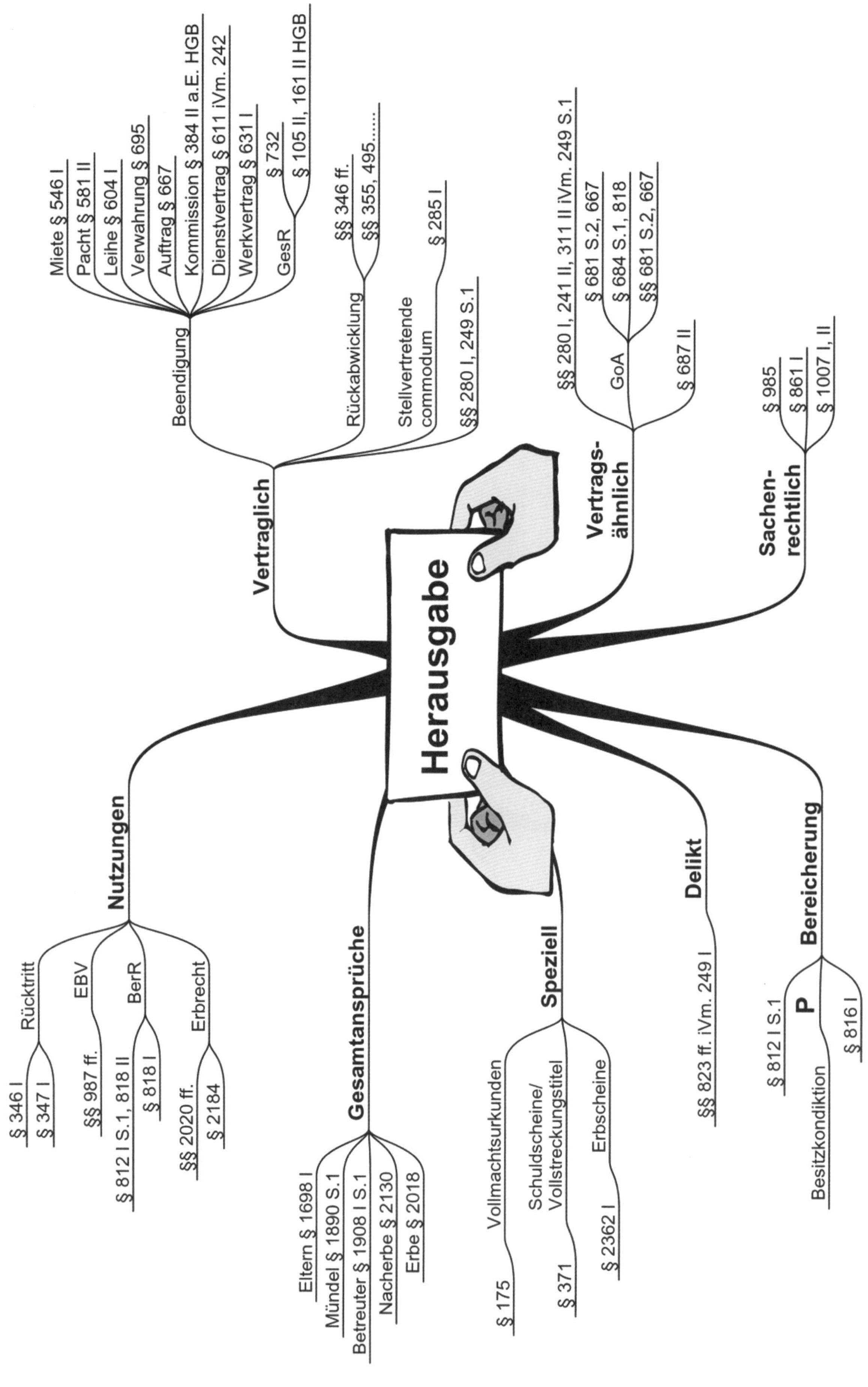
Herausgabe
Vertraglich
Beendigung
Miete § 546 I
Pacht § 581 II
Leihe § 604 I
Verwahrung § 695
Auftrag § 667
Kommission § 384 II a.E. HGB
Dienstvertrag § 611 iVm. 242
Werkvertrag § 631 I
GesR
§ 732
§ 105 II, 161 II HGB
Rückabwicklung
§§ 346 ff.
§§ 355, 495......
Stellvertretende commodum
§ 285 I
§§ 280 I, 249 S.1
Vertrags-ähnlich
§§ 280 I, 241 II, 311 II iVm. 249 S.1
GoA
§ 681 S.2, 667
§ 684 S.1, 818
§§ 681 S.2, 667
§ 687 II
Sachen-rechtlich
§ 985
§ 861 I
§ 1007 I, II
Bereicherung
P
§ 812 I S.1
Besitzkondiktion
§ 816 I
Delikt
§§ 823 ff. iVm. 249 I
Speziell
Vollmachtsurkunden
§ 175
Schuldscheine/ Vollstreckungstitel
§ 371
Erbscheine
§ 2362 I
Gesamtansprüche
Eltern § 1698 I
Mündel § 1890 S.1
Betreuter § 1908 I S.1
Nacherbe § 2130
Erbe § 2018
Nutzungen
Rücktritt
§ 346 I
§ 347 I
EBV
§§ 987 ff.
BerR
§ 812 I S.1, 818 II
§ 818 I
Erbrecht
§§ 2020 ff.
§ 2184

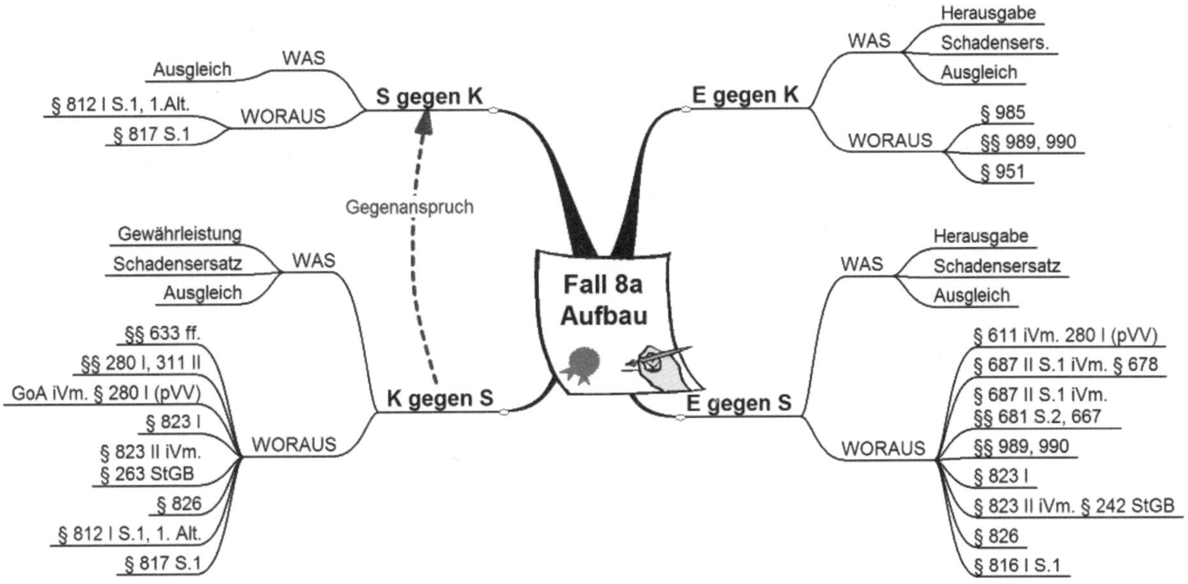

Ist man im Examen bis zu dieser Stelle gelangt, kann man nicht mehr allzu viel falsch machen. Und bis zu diesem Punkt ging alles sehr einfach, wenn man es sich entsprechend mit Mind Maps vorbereitet hat.

Nun geht es darum, jeden dieser Ansprüche einzeln durchzuprüfen. Folgende allgemeine Checkliste können Sie zugrunde legen:

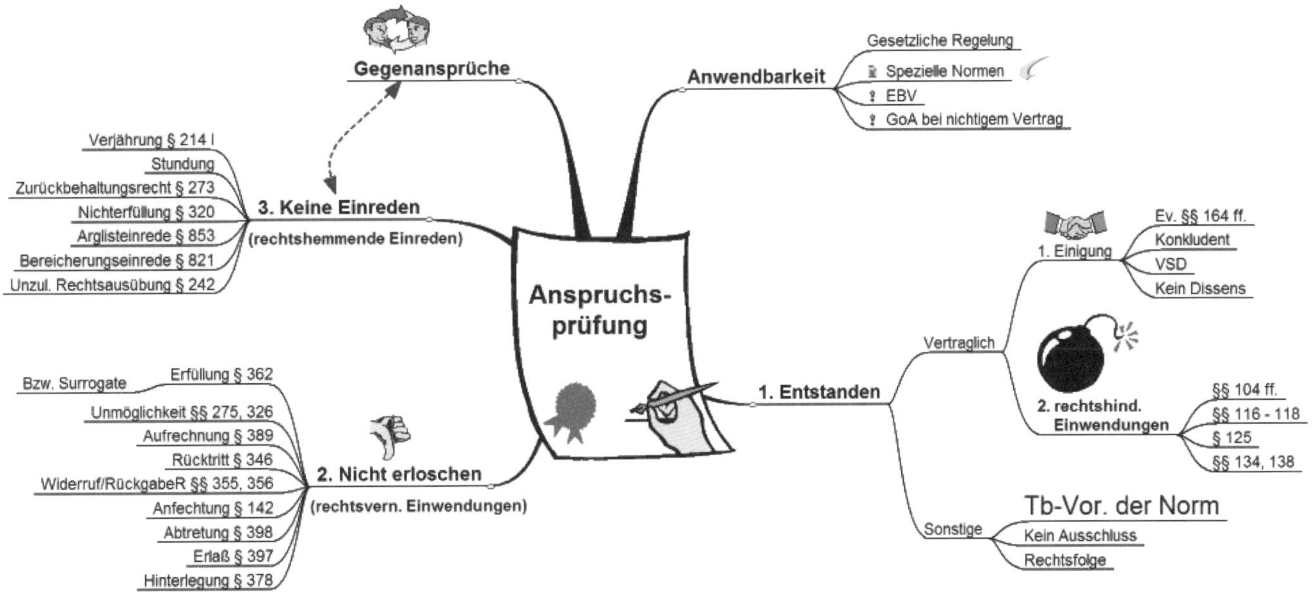

Zuerst muss man sich natürlich immer die Frage stellen, ob die entsprechende Anspruchsgrundlage überhaupt anwendbar ist. Ärgerlich ist es, im Examen z.B. unzählige Seiten zum Deliktsrecht zu schreiben, obwohl dieses wegen der grundsätzlichen Sperrwirkung des EBV überhaupt nicht anwendbar war.

Aber auch bei Hilfsnormen sollte man sich immer kurz fragen, ob diese überhaupt anwendbar sind. So verdrängt z.B. der § 134 BGB den § 138 I BGB (aber eben nicht den § 138 II BGB). Dies ist eine reine Lernsache. In den Fällen im Hauptkurs werden alle Anwendbarkeitsprobleme besprochen. Leider hat man diese nicht übersichtlich auf einer Seite, so dass man dies kurz vor dem Examen noch einmal wiederholen könnte. Deswegen empfehlen wir, eine gesonderte Mind Map zu dem Thema „Anwendbarkeit" anzulegen. Immer wenn in einem Fall im Hauptkurs ein solches Problem auftaucht, sollte man diese Mind Map ergänzen. Schließlich hat man dann übersichtlich alle Anwendbarkeitsfragen übersichtlich beisammen. Dies kann man kurz vor dem Examen dann noch einmal konzentriert durchgehen.

Nachfolgend ein Beispiel, wie man diese Mind Map beginnen könnte. So verdrängt zum Beispiel der Regress nach § 426 I und II BGB den Regress über die Regeln der GoA, des Bereicherungsrechts und § 255 analog. Oder die Mängelrechte sperren grundsätzlich § 119 II, § 311 II (c.i.c.) und § 313 (SGG). Für die einzelnen aufgeführten Rechtsgebiete finden sich natürlich noch viele weitere solcher Spezialitätsverhältnisse.

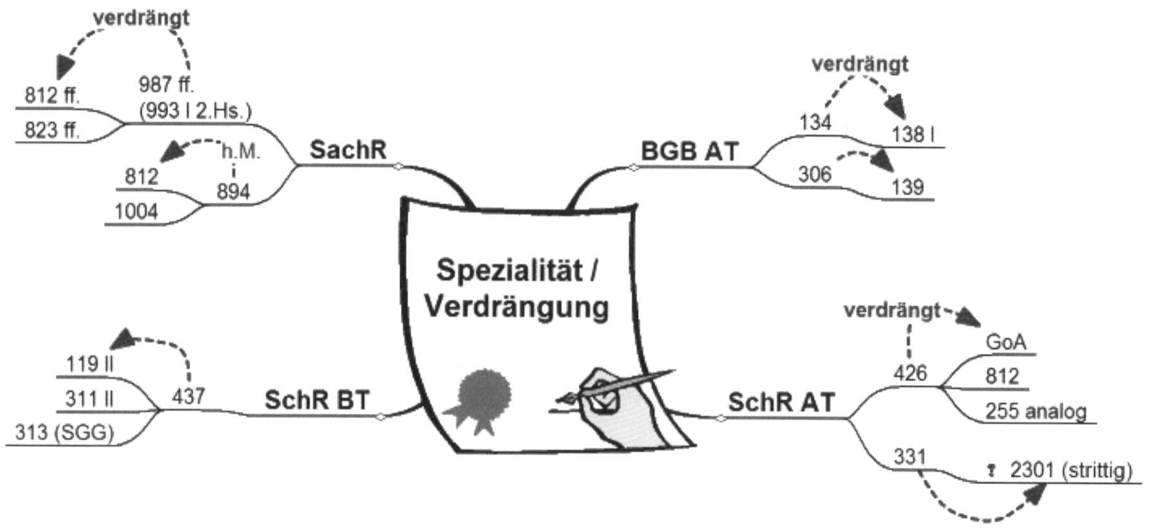

Doch nun wieder zurück zur Anspruchsprüfung. Zunächst wird geprüft, ob der Anspruch entstanden ist. Handelt es sich um einen vertraglichen Anspruch, ist zunächst zu prüfen, ob eine Einigung (mit den diesbezüglichen Problemen: siehe Mind Map „Anspruchsprüfung") vorliegt, und ob keine rechtshindernden Einwendungen eingreifen.
Handelt es sich um einen sonstigen Anspruch (z.B. §§ 823, 812 BGB), muss man sich die Tatbestandsvoraussetzungen der Norm in Erinnerung rufen. Aus diesem Grund sollte man sich diese Ansprüche aus den Fällen in Mind Mapping - Form aufbereiten.

Zurück zum Fall. Aus dem Fall 8a würde man bei der Frage E gegen S unter anderem z.B. folgende Mind Maps erstellen. Sinn dieser Mind Maps: Man muss das Rad nicht immer neu erfinden. In späteren Fällen oder bei neuer Rechtsprechung wird diese erstellte Mind Map ergänzt. So wiederholt man und erweitert sein Wissen gleichzeitig.

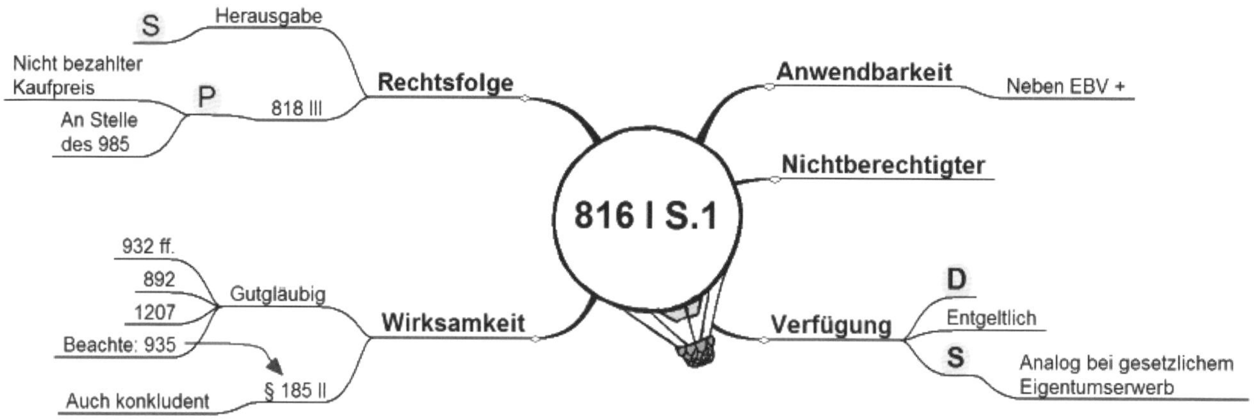

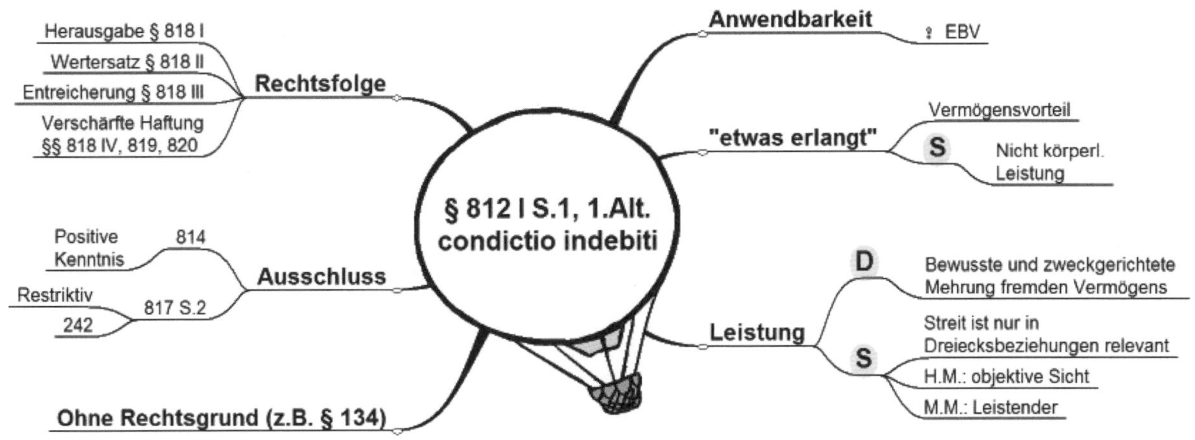

Aus dem Fall 8a würde man nun noch Mind Maps zu § 985 BGB, zum § 951 BGB, zur GoA, zu allen Fällen des EBV erstellen, und zu allen weiteren Anspruchsgrundlagen, die in dessen Lösung vorkommen.
Aber auch zu wichtigen Hilfsnormen sollte man sich ein Schema herausarbeiten. Für den vorliegenden Fall unter anderem zum § 134 BGB.

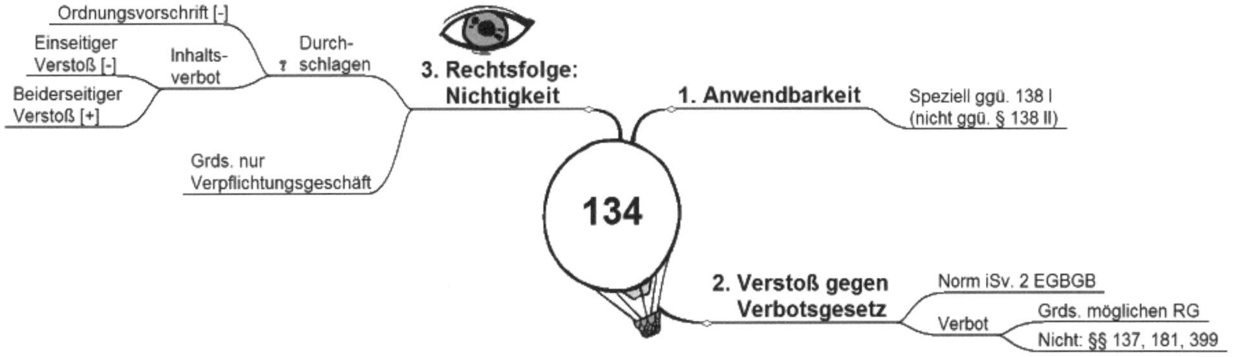

Dies erscheint nun für einen Fall ziemlich viel Arbeit. Alle diese Anspruchsgrundlagen sind jedoch schon in früheren kleineren Fällen zum BGB AT schrittweise aufgetaucht. Man hat also schon genügend Zeit gehabt, diese Mind Maps zu erstellen. Taucht in einem späteren Fall dieselbe Norm wieder auf, ergänzt man die Map nur noch um neue Probleme, die in den früheren Fällen noch nicht enthalten waren.
Bei der Bearbeitung des Falles 8a hätte man somit nur noch die Neuigkeiten in die schon vorhandenen Maps eintragen müssen. Dies ist der große Vorteil von Mind Maps.

Ob man im Examen bei der Erstellung der Gliederung ebenfalls auf das Mind Mapping zurückgreift, hängt davon ab, wie gut man damit klarkommt. Dafür spricht, jederzeit den Gesamtüberblick über den Fall zu behalten und so vor allem die wichtigsten Querverbindungen erkennen zu können.

Hier nun ein Beispiel für die Gliederung des Falles 8a. Zur besseren Lesbarkeit ist diese aufgeteilt.

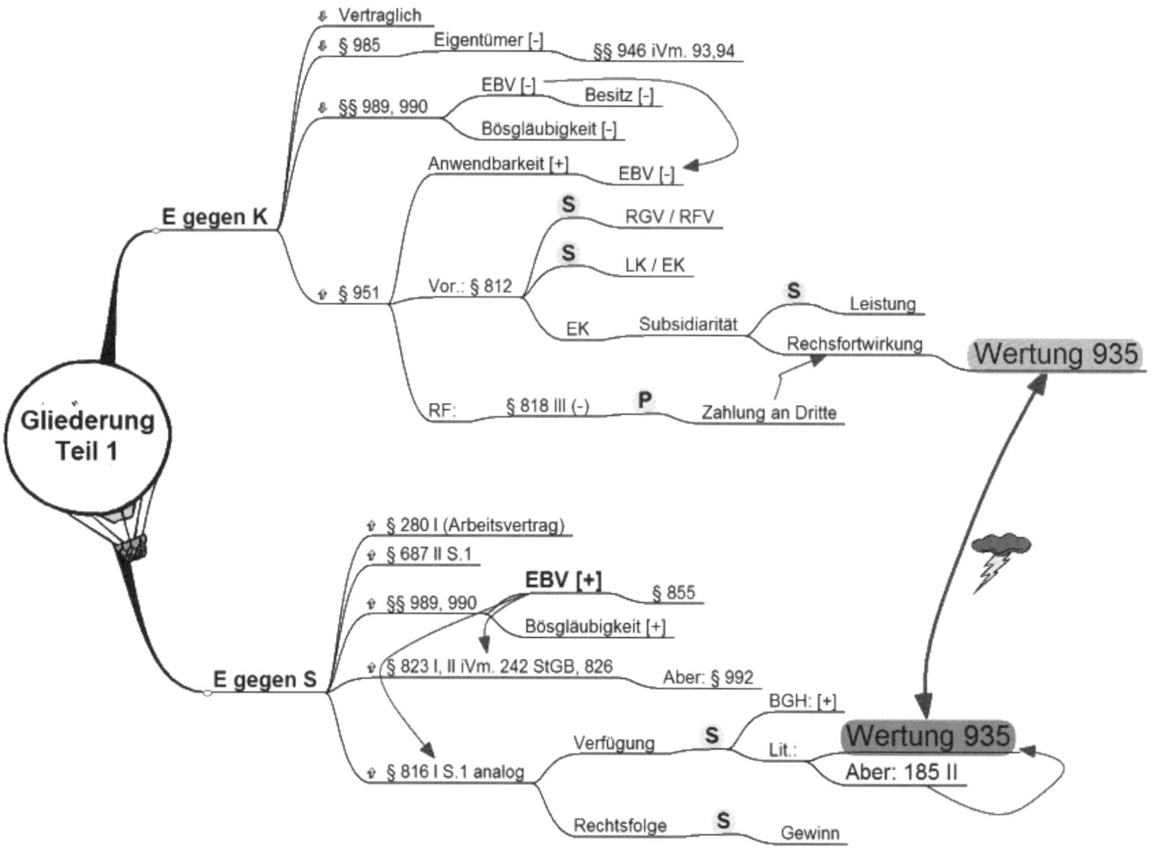

Gliederung Teil 1
E gegen K
Vertraglich
§ 985
Eigentümer [-]
§§ 946 iVm. 93,94
§§ 989, 990
EBV [-]
Besitz [-]
Bösgläubigkeit [-]
§ 951
Anwendbarkeit [+]
EBV [-]
Vor.: § 812
S
RGV / RFV
S
LK / EK
EK
Subsidiarität
S
Leistung
Rechsfortwirkung
Wertung 935
RF:
§ 818 III (-)
P
Zahlung an Dritte
E gegen S
§ 280 I (Arbeitsvertrag)
§ 687 II S.1
§§ 989, 990
EBV [+]
§ 855
Bösgläubigkeit [+]
§ 823 I, II iVm. 242 StGB, 826
Aber: § 992
§ 816 I S.1 analog
Verfügung
S
BGH: [+]
Lit.:
Wertung 935
Aber: 185 II
Rechtsfolge
S
Gewinn

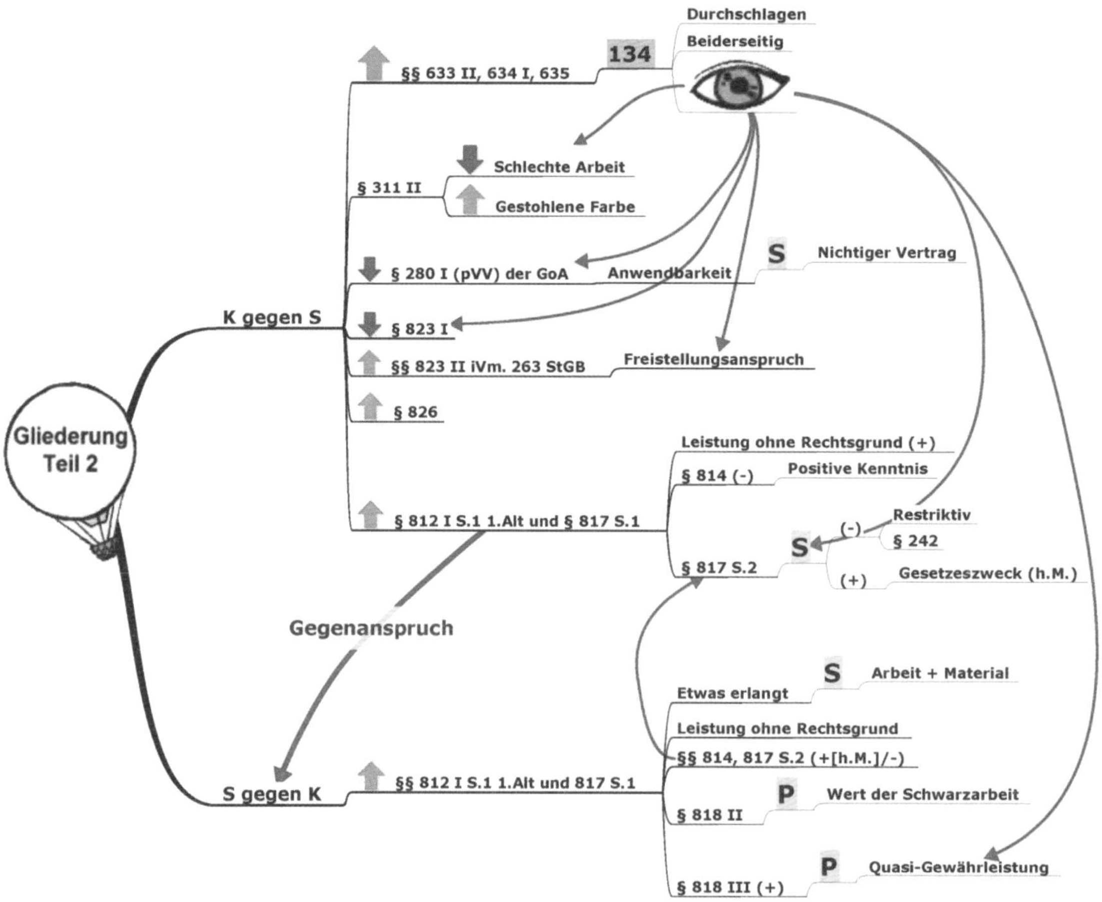

Gliederung Teil 2
K gegen S
§§ 633 II, 634 I, 635
134
Durchschlagen
Beiderseitig
§ 311 II
Schlechte Arbeit
Gestohlene Farbe
§ 280 I (pVV) der GoA
Anwendbarkeit
S
Nichtiger Vertrag
§ 823 I
§§ 823 II iVm. 263 StGB
Freistellungsanspruch
§ 826
§ 812 I S.1 1.Alt und § 817 S.1
Leistung ohne Rechtsgrund (+)
§ 814 (-)
Positive Kenntnis
§ 817 S.2
S
(-)
Restriktiv
§ 242
(+)
Gesetzeszweck (h.M.)
Gegenanspruch
S gegen K
§§ 812 I S.1 1.Alt und 817 S.1
Etwas erlangt
S
Arbeit + Material
Leistung ohne Rechtsgrund
§§ 814, 817 S.2 (+[h.M.]/-)
§ 818 II
P
Wert der Schwarzarbeit
§ 818 III (+)
P
Quasi-Gewährleistung

Vor allem im zweiten Teil kann man sich nur mit einer Mind Map übersichtlich verdeutlichen, an welchen Stellen in der Lösung sich die rechtshindernde Einwendung des § 134 BGB auswirkt. Überall dort muss die Wertung des § 134 BGB in Verbindung mit dem Schwarzarbeitergesetz berücksichtigt werden. In linearen Notizen kann man solche Verknüpfungen kaum einzeichnen. Außerdem verliert man, sobald man eine neue Seite beginnt, diese Wertungen aus den Augen.

Bei der anschließenden Ausarbeitung gibt es schließlich noch ein paar Punkte, die beachtet werden sollten. Wir werden dabei nur die Bereiche genauer ansprechen, die man sich mit Hilfe des Mind Mapping erleichtern kann.

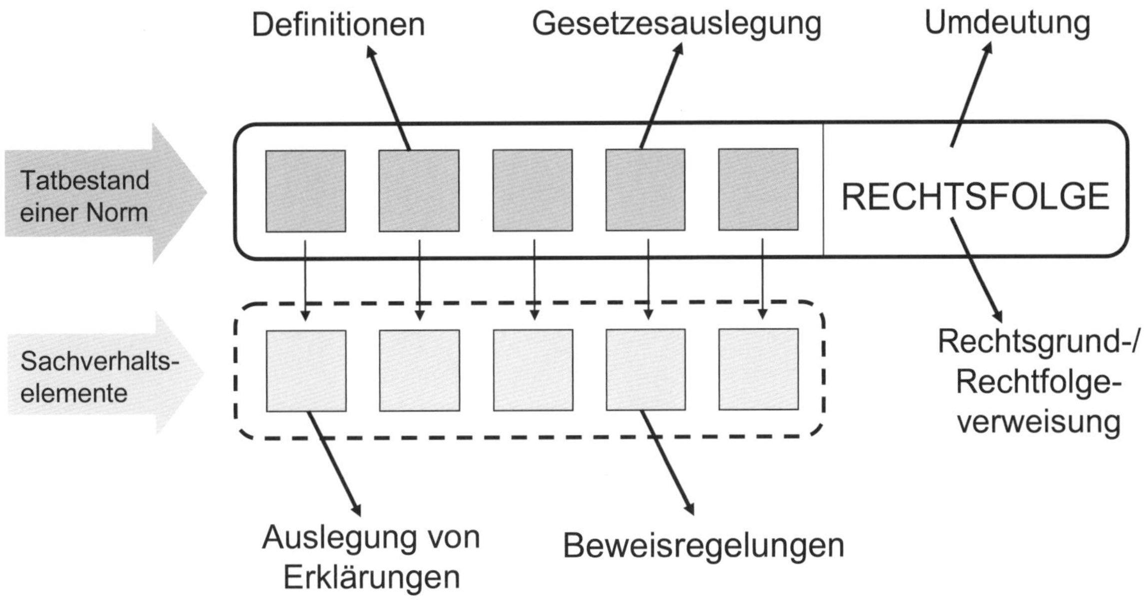

In Rahmen der Subsumtion geht es darum, zu überprüfen, ob sich jedem Tatbestandselement einer Norm auch ein entsprechendes Sachverhaltselement zuordnen lässt. Für manche Tatbestandselemente sind Definitionen erforderlich, und wichtige sollte man übersichtlich in einer Mind Map sammeln. Kurz vor dem Examen kann man dann zusammenhängend überprüfen, ob man diese noch beherrscht.

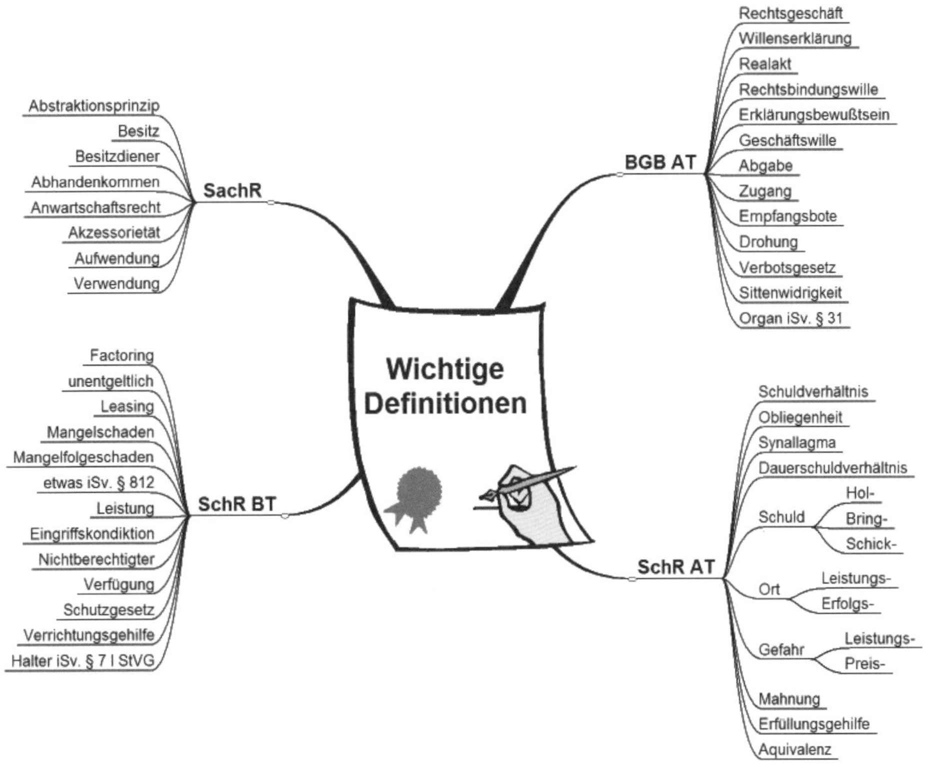

Manchmal muss ein unwirksames Rechtsgeschäft in ein wirksames **umgedeutet** werden. Im Examen kommen häufig dieselben Umdeutungen vor (Umdeutung der Vollrechtsübertragung in die Übertragung des Anwartschaftsrechts / fristlose in ordentliche Kündigung / Prokura in Handlungsvollmacht usw.). Immer wenn in einem Fall eine Umdeutung auftaucht, sollte man anfangen, auch diese Konstellationen in einer Mind Map zentral zu sammeln. Bis zum Examen hat man dann übersichtlich alle möglichen Fälle auf einem Blatt beisammen und kann diese schnell wiederholen.

Auch die Unterscheidung, ob eine Verweisung eine **Rechtsgrund- oder eine Rechtsfolgenverweisung** darstellt, muss man lernen. Hierfür bietet sich ebenfalls eine Sammlung in einer Mind Map an. Bis zum Examen sollten alle möglichen Verweisungen aufgenommen sein. Diese Mind Map könnte man folgendermaßen beginnen:

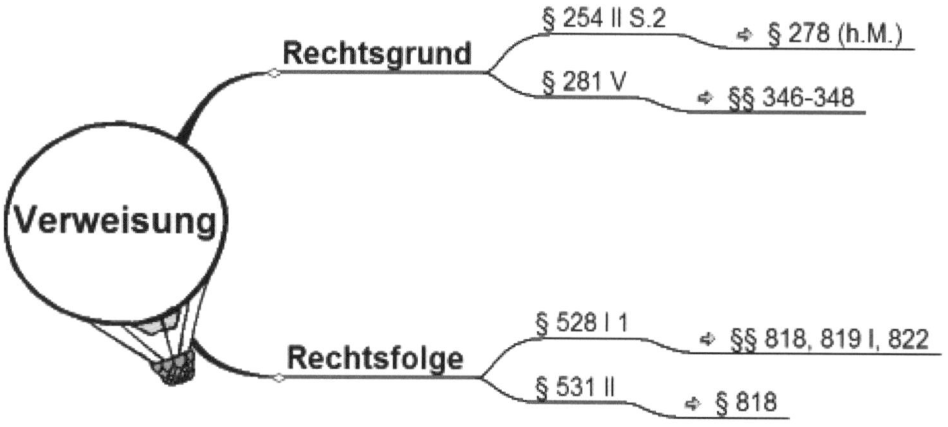

Wichtig ist, auch die **Technik des Auslegens** zu beherrschen. Man sollte wissen, wie man empfangsbedürftige im Gegensatz zu nicht-empfangsbedürftigen Willenserklärungen auslegt und welche Auslegungsschritte man bei Verträgen vornimmt (erläuternd / ergänzend). Auch die Auslegungsmöglichkeiten von Gesetzen (grammatikalisch / historisch / systematisch / teleologisch) sollten beherrscht werden.

Vor allem im Bereich der systematischen Auslegung gibt es einige sehr treffende Argumentationsmöglichkeiten (argumentum a fortiori / argumentum a minore ad maius / argumentum e contrario usw.). Sollten in diesem Bereich noch Lücken bestehen, empfiehlt sich bezüglich der Schwachstellen das gezielte Nachschlagen in einer Methodenlehre. Denn Klausurtechnik ist gewissermaßen der Multiplikator des Wissens. Ärgerlich wäre es, im Examen hierbei Punkte zu verschenken.

Abschließen möchten wir mit Hinweisen zur **Argumentation**. In deren Rahmen sind zwei Punkte von Bedeutung. Zum einen, wie man überhaupt auf passende Argumente kommt, und zum anderen, wie man diese sprachlich anordnet. Hinsichtlich des letzten Punktes könnte man natürlich zu einer Stilfibel greifen. Doch hat man dazu in der Examensvorbereitung gewiss keine Zeit mehr. Viel effektiver ist es, bei der Bearbeitung von Falllösungen mehr Aufmerksamkeit auf die Argumentation zu richten und sich gute Muster abzuschauen, bzw. sich bewusst zu werden, was an der Argumentation gerade nicht gelungen ist.
Wie man überhaupt auf Argumente kommt, wird man jedoch in keinem Buch finden. Anstatt sich bei neuen Problemen erst im Examen Gedanken um Argumente zu machen, sollte man den umgekehrten Weg gehen. Immer wenn man in einer Lösung auf gute Argumente trifft, von denen man glaubt, dass sie auch über diesen Fall hinaus Bedeutung haben könnten, sollte man diese in einer Mind Map sammeln. Mit der Zeit kommen so einige zusammen. Im Examen ist man dann in der glücklichen Lage, aus vielen Argumenten, die man auf diese Weise im Kopf hat, die besten für das jeweilige Problem auswählen zu können.
Als Abschluss eine Mind Map mit wichtigen Argumenten. Es gibt wohl kein Problem, das nicht mit einigen dieser Argumente überzeugend gelöst werden könnte.

Viel Erfolg im Examen!

Karl-Edmund Hemmer　　　　Achim Wüst

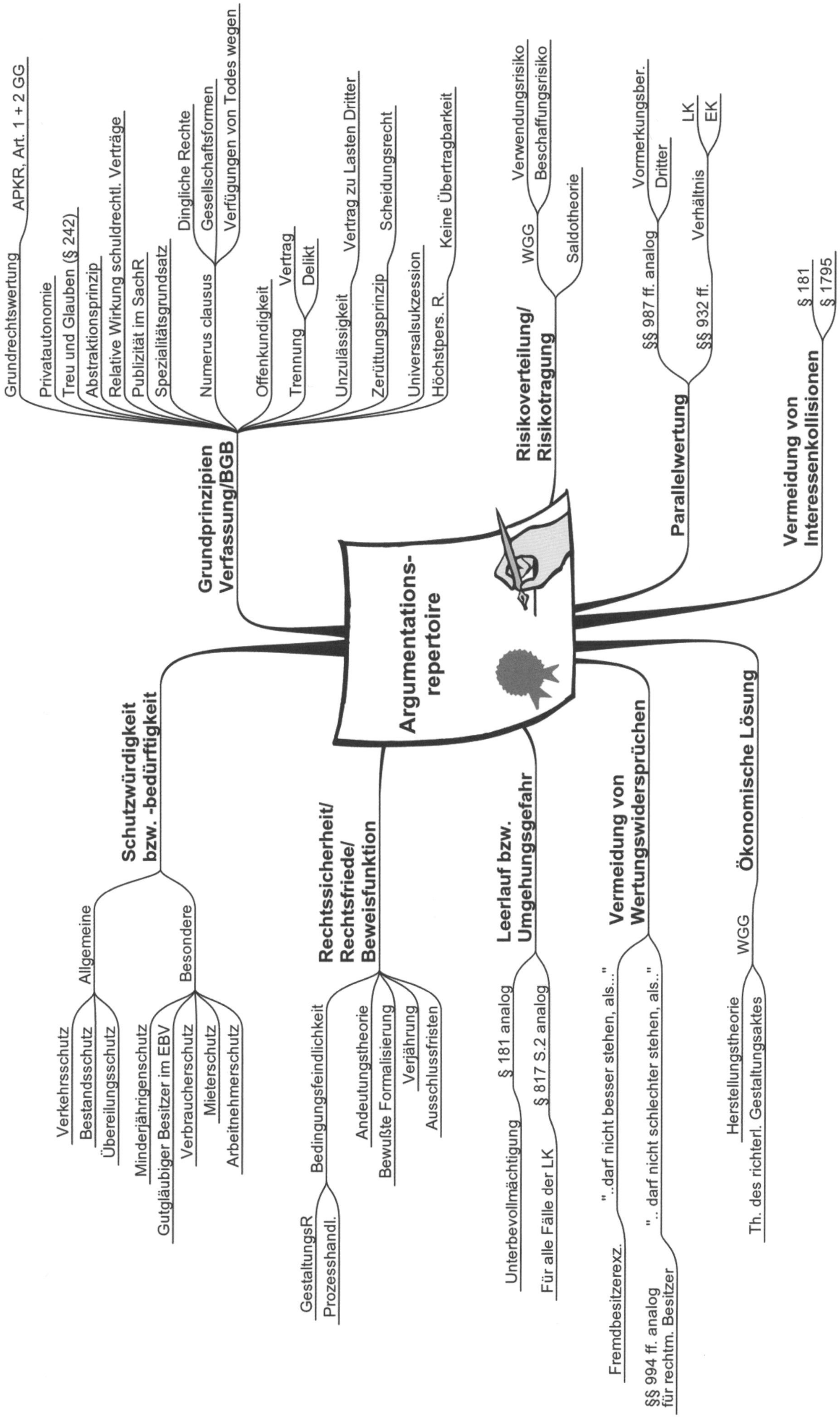
Argumentations-repertoire
Grundprinzipien Verfassung/BGB
Grundrechtswertung
APKR, Art. 1 + 2 GG
Privatautonomie
Treu und Glauben (§ 242)
Abstraktionsprinzip
Relative Wirkung schuldrechtl. Verträge
Publizität im SachR
Spezialitätsgrundsatz
Numerus clausus
Dingliche Rechte
Gesellschaftsformen
Verfügungen von Todes wegen
Offenkundigkeit
Trennung
Vertrag
Delikt
Unzulässigkeit
Vertrag zu Lasten Dritter
Zerüttungsprinzip
Scheidungsrecht
Universalsukzession
Höchstpers. R.
Keine Übertragbarkeit
Risikoverteilung/ Risikotragung
WGG
Verwendungsrisiko
Beschaffungsrisiko
Saldotheorie
Parallelwertung
§§ 987 ff. analog
Vormerkungsber.
Dritter
§§ 932 ff.
Verhältnis
LK
EK
Vermeidung von Interessenkollisionen
§ 181
§ 1795
Schutzwürdigkeit bzw. -bedürftigkeit
Allgemeine
Verkehrsschutz
Bestandsschutz
Übereilungsschutz
Besondere
Minderjährigenschutz
Gutgläubiger Besitzer im EBV
Verbraucherschutz
Mieterschutz
Arbeitnehmerschutz
Rechtssicherheit/ Rechtsfriede/ Beweisfunktion
Bedingungsfeindlichkeit
GestaltungsR
Prozesshandl.
Andeutungstheorie
Bewußte Formalisierung
Verjährung
Ausschlussfristen
Leerlauf bzw. Umgehungsgefahr
§ 181 analog
Unterbevollmächtigung
§ 817 S.2 analog
Für alle Fälle der LK
Vermeidung von Wertungswidersprüchen
"..darf nicht besser stehen, als..."
Fremdbesitzerexz.
".. darf nicht schlechter stehen, als.."
§§ 994 ff. analog für rechtm. Besitzer
Ökonomische Lösung
WGG
Herstellungstheorie
Th. des richterl. Gestaltungsaktes

hemmer/wüst Verlag

ANWENDUNGSORIENTIERT

▪

PRAKTISCH

▪

EFFIZIENT

HEMMER/WÜST

HANDBUCH ZUR WIEDERHOLUNGSMAPPE

- mit vielen praktischen Tipps und Erläuterungen

Zusätzlich:

- Skript Klausurtechnik und Argumentation mit Mind Mapping

4. AUFLAGE

Inhaltsverzeichnis

Examenserfolg

durch ein effektives Wiederholungsmanagement

1. Einleitung

Kaum etwas ist frustrierender, als sich in mühseliger Arbeit Wissen anzueignen, nur um wenige Zeit später festzustellen, dass das Meiste wieder vergessen wurde. Sobald man etwas Neues lernt, scheint das Alte schon wieder zu verschwinden. Anstatt sein Wissen konstant auszubauen, wird ein und dasselbe immer wieder von neuem angegangen. Ein solches Vorgehen erzielt nur einen geringen Lernerfolg. Aber auch Motivation und Konzentrationsfähigkeit leiden unter diesem ständigen „Ankämpfen" gegen das Vergessen. Von Spaß am Lernen kann keine Rede sein.

Mit dieser Wiederholungsmappe möchten wir diesem Problem beim Lernen entgegentreten. Mit einem effektiven Wiederholungsmanagement werden Sie Ihr Wissen beständig auf einem hohen Niveau halten. Rechtsgebiete müssen nicht immer wieder von vorne gelernt werden. Die gewonnene Zeit lässt sich als Freizeit genießen oder zur weiteren Vertiefung Ihres Wissens nutzen. Vor allem aber geht man mit dem sicheren Gefühl an die Arbeit, sein Wissen im Examen auch präsent zu haben.

Bei dem vorliegenden Wiederholungsmanagement geht es dabei ausschließlich um das Erinnerungsverhalten *nach* der Lernperiode, nämlich wie man gerade angeeignetes Wissen auf einem konstant hohen Niveau hält und das Vergessen unterbindet.

Wichtig ist aber auch das Lernverhalten *während* der Lernperiode. Das Erinnerungsvermögen und der Erfolg im Examen hängen unmittelbar von den angewandten Arbeitsmethoden ab. Die Studenten mit den besten Ergebnissen sind diejenigen, die verschiedenartige, effiziente Techniken einsetzen: Entscheidend sind u.a. Ihre Lesetechniken (z. B. Speed Reading), die Sie zum Aufnehmen der Informationen anwenden. Wie Sie die Informationen bearbeiten und strukturieren (z. B. Mind Mapping). Ob Sie die Grundsätze der Lernbiologie beachten und über Gedächtnistechniken verfügen. Wie konzentriert und motiviert Sie beim Lernen sind. Aber vor allem auch das richtige Zeitmanagement, so dass die einzelnen Lernperioden des Tages richtig bemessen sind, um Gedächtnis und Verständnis ständig im Gleichlauf und auf einem hohen Level zu halten.
Zunächst wird nun der Rhythmus des Gedächtnisses vorgestellt und wie Sie diese Kenntnisse für Ihren Lernprozess nutzen können. Anschließend erklären wir, wie Sie dies mit Hilfe der Wiederholungsmappe in die Praxis umsetzen.
Da ein effektiver Wiederholungsrhythmus aber nur ein Teil des Lernens ist, werden wir im Anschluss einen knappen Überblick über den gesamten Lernprozess und die wichtigsten Lerntechniken geben.

2. Der Rhythmus des Gedächtnisses

Wenden wir uns nun dem Erinnerungsverhalten *nach* der Lernperiode zu. Entgegen jeder Erwartung steigt unsere Erinnerung an das Erlernte während einer Pause zunächst weiter an, bevor sie zu fallen beginnt. Das hängt damit zusammen, dass unsere beiden Gehirnhälften während einer kurzen Zeitspanne nach der Informationsaufnahme unbewusst den Lernstoff integrieren. Das neue Wissen wird mit dem alten verknüpft und eingebunden. Wenn Sie also nach einer Pause wieder zu lernen anfangen, sind Sie im Besitz von mehr bewusstem Wissen, als wenn Sie ohne Pause weitergearbeitet hätten. Der Höchstpunkt der Erinnerung ist ungefähr nach einer 10-minütigen Pause erreicht.

2.1 Das Vergessen

Das anschließende Abfallen nach dem kurzen Anstieg ist jedoch steil. Sie vergessen ca. 80 Prozent der Details einer Information innerhalb von 24 Stunden nach der Aufnahme.
Dieser Zustand ist umso schlimmer, als das Gedächtnis mit Assoziationen arbeitet. Je weniger Elemente im Gedächtnis vorhanden sind, umso weniger können neue Elemente gespeichert werden. Und umgekehrt können Sie, je mehr Sie lernen, um so leichter lernen. Die neuen Daten hängen sich an den Kern des früher erworbenen Wissens an. Dieses Phänomen gleicht den Formen eines Schneeballs. Je weiter er rollt, desto dicker wird er.

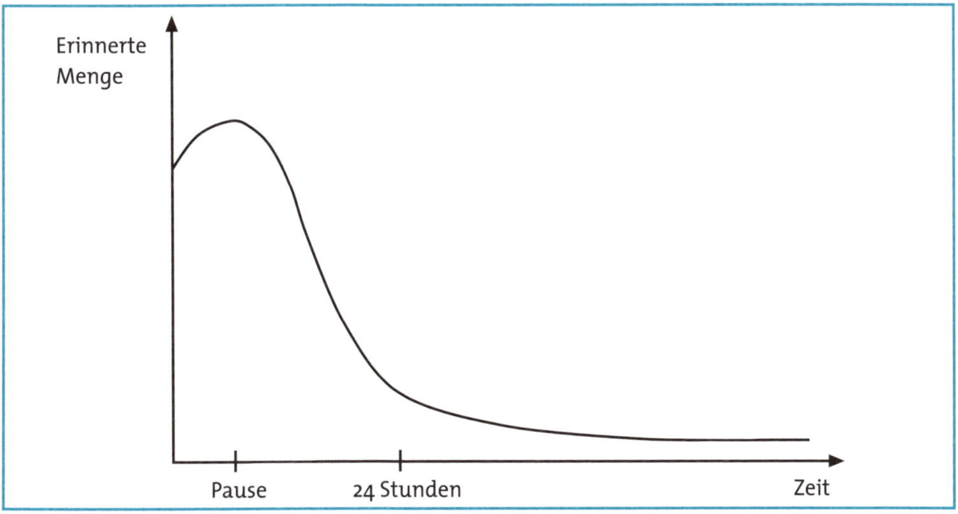

2.2 Kampf gegen das Vergessen

Das enorme Abfallen der erinnerten Menge kann jedoch durch geeignete Wiederholungstechniken vermieden werden. Wenn das Wiederholen vernünftig organisiert wird, kann die Erinnerung auf dem Höchststand gehalten werden, der kurz nach Beendigung der Lernperiode erreicht wird.

Die Funktion der Wiederholung ist, die aufgenommenen Informationen dem Gedächtnis einzuprägen, und sie damit zu konsolidieren. Man kann das Gedächtnis mit dem Abhang eines Hügels vergleichen. Beim ersten Regen rieselt das Wasser nach unten und hinterlässt keine sichtbare Spur. Der zweite Regen findet wieder den gleichen Weg und beginnt eine Rinne zu graben. Spätere Regengüsse werden den Lauf immer stärker markieren.

Die Informationen ihrerseits müssen auch mehrere Male den gleichen Weg gehen, so dass der neuronale Weg sich eingräbt. Um dieses Ziel zu erreichen, muss ein planmäßiges Wiederholungsprogramm angewendet werden. Dabei muss jede Wiederholung etwa zu dem Zeitpunkt erfolgen, an dem die Erinnerung abzufallen beginnt. Da das Ansteigen ca. 10 Minuten nach Beendigung einer Lerneinheit abgeschlossen ist, sollte nun die erste Wiederholung stattfinden. Denn sonst zerfallen die provisorisch entstandenen RNA-Matrizen im Gehirn (stoffliche „vorläufige Kopie" der Wahrnehmung), bevor sich die lebenserhaltenden Proteine um sie bilden konnten. Damit wird die Erinnerung für ungefähr einen Tag auf dem Höchststand gehalten. Am nächsten Tag sollte deshalb gleich die nächste Wiederholung erfolgen, wodurch die Erinnerung für annähernd eine Woche erhalten bleiben wird, worauf nach einer Woche eine neue Wiederholung nötig wird. Die nächste Wiederholung ist dann nach etwa einem Monat anzusetzen. Nach dieser Zeit wird das Wissen im Langzeitgedächtnis verankert sein und braucht nur gelegentlich einen Anstoß, um erhalten zu bleiben. Daher ist es empfehlenswert, sich die Informationen nach 6 Monaten noch einmal anzuschauen.

2.3 Zeit sparen mit Mind Maps

Die Wiederholungen brauchen dabei nicht zeitaufwendig zu sein. Wenn man es versteht, seine Notizen in Form von Mind Maps zu gestalten, werden die Wiederholungen in noch viel kürzerer Zeit ablaufen und den größtmöglichen Nutzen bringen. Einen Überblick über das Thema Mind Mapping finden Sie im Anschluss.

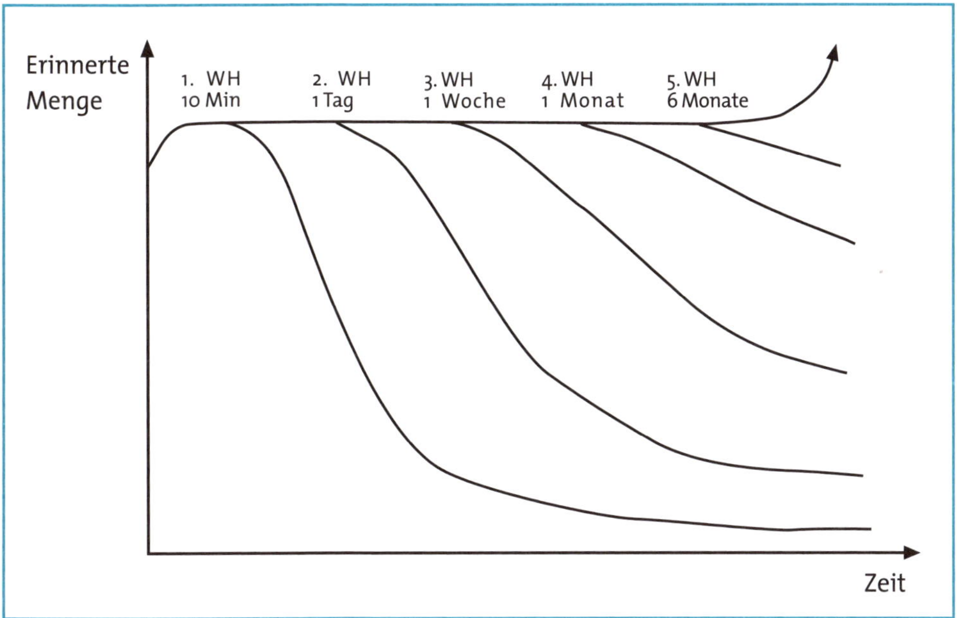

TIPP: *Wer bereit ist, die zusätzliche Zeit aufzuwenden, kann auch noch eine Wiederholung am Ende des ersten Tages einschieben. Diese Wiederholung ist besonders effektiv, denn das Gehirn erhält damit die Möglichkeit, während der Nacht zu arbeiten. Der Schlaf unterteilt sich in eine Folge von Zyklen von etwa 80 Minuten. Ein Zyklus besteht aus zwei Hauptphasen: dem Tiefschlaf und der Zeit, während der wir träumen. Während dieser Traumphase festigen die Gehirnzellen das Gelernte, indem sie das tagsüber erworbene Wissen ordnen und strukturieren. Diese unbewusste Tätigkeit spielt beim Lernen eine ganz bedeutende Rolle.*

3. Keine Lust, Wiederholungszeiten einzulegen?

Vielfach drängt es einen aber, einfach weiterzuarbeiten und die Zeit lieber dafür zu nutzen, im Lernstoff voranzukommen. Kurzfristig mag dies sinnvoll erscheinen. Man hat 100 % der zur Verfügung stehende Zeit für den Erwerb von neuem Wissen genutzt. Nach einiger Zeit ist davon aber kaum noch etwas vorhanden.

TIPP: *Investieren Sie mindestens ein Viertel Ihrer Lernzeit in Wiederholungen. Für den Tag betrachtet haben Sie nur 75 % der Zeit für den Erwerb neuen Wissens genutzt. Auf lange Sicht erhalten Sie so jedoch die beste Rendite. Mit Hilfe des Mind Mapping können Sie die erforderliche Wiederholungszeit noch erheblich reduzieren.*

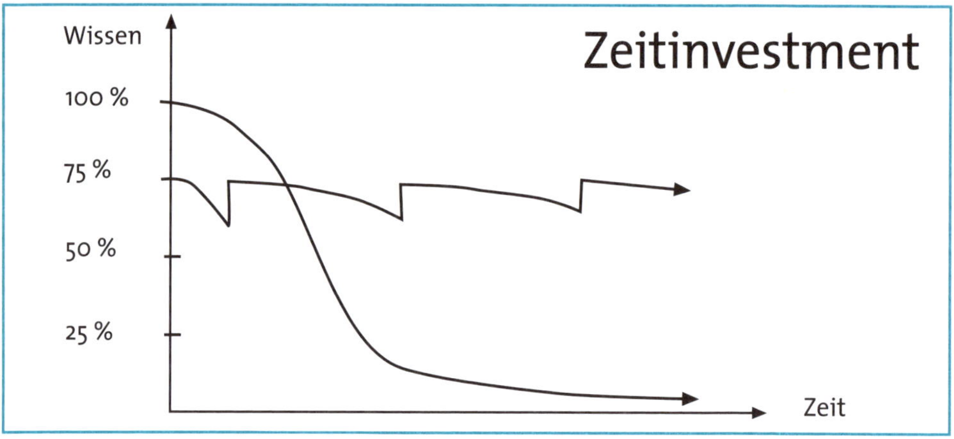

Interessant ist auch der Vergleich der Einstellung zum Lernen von Menschen, die regelmäßig wiederholen, mit solchen, die das nicht tun. Letztere stopfen ständig Informationen in sich hinein und vergessen sie gleich wieder. Sie werden es zunehmend schwieriger finden, neue Informationen aufzunehmen, weil sie nicht das Grundwissen zur Verfügung haben, das sie zum Verständnis dieser neuen Informationen benötigen. Das Studieren wird permanent als schwierig empfunden, die Erinnerung wird unzureichend bleiben, und der ganze Prozess aus Lernen, Verstehen und Erinnern wird mühsam und unergiebig sein.

Ganz anders verhält es sich mit Menschen, die regelmäßig wiederholen. Sie werden feststellen, dass ihr ständig wachsender Vorrat an verfügbarem Wissen neue Informationen mühelos aufnimmt und verarbeitet. Damit wird ein positiver Prozess wechselseitiger Ergänzung von Lernen, Verstehen und Erinnern in Gang gesetzt.

4. Umsetzung mit der Wiederholungsmappe

Offen ist jedoch noch, wie sich dieses Wiederholungsmanagement in die Praxis umsetzen lässt. Wie schaffe ich es, den soeben gelernten Stoff genau zu den erforderlichen Zeiten zu wiederholen? Man könnte ein Tagebuch führen und vermerken, was zu welchem Zeitpunkt gelernt wurde und anschließend versuchen, die Wiederholungszeiten zu bestimmen. Es dürfte jedoch kaum möglich sein, hier den richtigen Überblick zu behalten.
Auch mit Karteikästen lässt sich nicht klar auseinanderhalten, was zu welchem Zeitpunkt gelernt wurde. Aus diesem Grund haben wir eine effektivere Möglichkeit erarbeitet, welche die Organisation der Wiederholungen übernimmt. Nämlich eine Wiederholungsmappe. Lassen Sie sich beim ersten Durchlesen der nachfolgenden Anweisung nicht verwirren. Es ist viel schwieriger, das Vorgehen in Worten zu beschreiben, als es einfach in der Praxis durchzuführen. Wenn man sich bewusst macht, zu welchem Zeitpunkt man welche Notizen wieder auf dem Schreibtisch haben muss, ist es sehr leicht durchzuführen. Also einfach die Anweisungen einmal in Ruhe durchlesen, und sich dann überlegen, warum man in dieser Weise vorgehen sollte.

4.1 Start

Nehmen wir an, Sie begeben sich am Montag an Ihren Schreibtisch und beginnen zu lernen. Während der Lernperioden sollten Sie sich Notizen machen. Eine Information wird umso besser behalten, je mehr sie bearbeitet wurde. Denn um Notizen zu machen, mussten Sie schon auswählen, das Wichtige vom Unwichtigen trennen. Das Notizenmachen ist daher eine grundlegend wichtige Tätigkeit beim Erwerb von neuem Wissen. Es erleichtert Verstehen und Behalten. Machen Sie Ihre Notizen in Mind Mapping-Form (mehr dazu später). Dies wird Ihre Gedächtnisleistung vervielfachen, da es der Funktionsweise des Gehirns entspricht. Außerdem erhalten Sie eine enorme Zeitersparnis.

TIPP: *Falls Sie zu einem Thema einmal keine Notizen angefertigt haben, kann immer noch ein Blatt mit einem Verweis auf die entsprechenden Seiten, die Sie gelernt haben, in die Mappe gelegt werden. Sie werden jedoch feststellen, dass die Erinnerung bei weitem nicht so gut sein wird. Auch ist eine zeitsparende Wiederholung nicht so einfach möglich.*

4.2 Erste Wiederholung

Wenn Sie nach einer Pause mit der nächsten Lernperiode beginnen, können Sie den Lernstoff mit Hilfe der Schlüsselwörter der Notizen schnell wiederholen. Damit haben Sie die 1. Wiederholung absolviert. Die nächste Wiederholung ist nach einem Tag, also morgen am

Dienstag, fällig. Deshalb werden die Notizen nach der ersten Wiederholung in das Fach „Dienstag 1“ gelegt. *(Entsprechend würden die Notizen, die Sie am Dienstag erstellen, nach der Tageswiederholung in das Fach „Mittwoch 1“ wandern. Wenn Sie wie üblich von Montag bis Freitag lernen, gelangen die neuen Notizen vom Freitag direkt in das Fach „Montag 1“. Zwar verschiebt sich hier die 2. Wiederholung etwas, aber dafür ist das Wochenende frei. Wer auch am Wochenende lernen möchte, hat dafür in der Mappe ein Extra-Fach zur Verfügung.)*

4.3 Zweite Wiederholung

Wenn Sie sich nun am Dienstag an Ihren Schreibtisch setzen, werden Sie in diesem Fach nun den Lernstoff vom Vortag finden. Dieser wird nun also genau einen Tag später wiederholt und Sie haben damit die 2. Wiederholung erfolgreich abgeschlossen.

TIPP: *Mit dem richtigen Zeitmanagement werden Sie auch Ihre Leistungshoch- und Tiefpunkte des Tages bzgl. Ihrer Aufnahmefähigkeit ausmachen können. Die „schwächeren Zeiten“ des Tages sollten Sie für die Wiederholungen einplanen. Die „stärkeren Zeiten“ sollten Sie nutzen, um neuen Stoff zu lernen und aufzubereiten.*

4.4 Dritte Wiederholung

Die nächste Wiederholung ist nun eine Woche später fällig, also nächsten Dienstag. Deshalb sind für jeden Tag zwei Fächer vorgesehen, damit Sie Tages- und Wochenwiederholung strikt trennen können und nicht durcheinander kommen. Sie legen die Notizen daher nach der zweiten Wiederholung in das Fach „Dienstag 2“. Genau eine Woche später am nächsten Dienstag werden Sie deshalb wieder auf diese Notizen stoßen. Dies wird die 3. Wiederholung sein. *(Damit haben Sie die wichtigsten Wiederholungen hinter sich gebracht. Denn zu den ersten drei Wiederholungszeitpunkten sinkt das Wissen jeweils noch ziemlich stark ab. Diese Wiederholungen können Sie auch optimal mittels unserer Wiederholungsmappe bewerkstelligen. Ob Sie die folgenden Wiederholungen mittels separater Ordner auch noch ausführen, liegt an Ihnen. Am wichtigsten sind auf jeden Fall die ersten 3 Wiederholungsdurchgänge.)*

Die nächste Wiederholung ist nun einen Monat später fällig. Es ist dabei ausreichend, wenn Sie den Stoff einer Woche sammeln und diesen an einem Tag ca. 4 Wochen später gesammelt wiederholen. Dazu legen Sie sich einen Aktenordner mit 4 Trennblättern an. Die Notizen aus dem Fach „Dienstag 2“ wandern nun in das erste Fach des Ordners. *(In dieses „Ordner-Fach 1“ gelangen an den folgenden Tagen auch die Notizen der Fächer „Mittwoch 2“, „Donnerstag 2“, „Freitag 2“ und unter Umständen, falls Sie am Wochenende arbeiten sollten, auch des Faches „Wochenende“ [mit den richtigen Lese- und Lerntechniken wird das aber nicht mehr nötig sein]. Alle Notizen der nächsten Woche wandern dann in das „Ordner-Fach 2“ usw.*

Für die Notizen der 5. Woche ist kein Ordner-Fach mehr vorgesehen, so dass diese wieder in das Ordner-Fach 1 gelegt werden. Zuvor werden jedoch die Notizen, die sich in diesem Fach befinden, herausgenommen und wiederholt. So haben Sie den Lernstoff einer Woche ziemlich genau 1 Monat nach der 3. Wiederholung zum 4. Mal wiederholt.)

4.5 Vierte Wiederholung

Für diese 4. Wiederholung müssen Sie an einem Tag in der Woche etwas Zeit einplanen. Nach dieser Wiederholung sollten die Notizen, die wahrscheinlich querbeet aus allen Rechtsgebieten kommen werden, im Ordner nach Rechtsgebieten sortiert werden. Alle 6 Monate ist es dann an der Zeit, diese Ordner im Schnelldurchlauf zu wiederholen. Vor allem bei Mind Maps besteht der Vorteil, dass bei späteren Wiederholungen aufgrund der räumlichen Anordnung meistens ein Blick auf das Blatt genügt, um alle Details ins Gedächtnis zurückzurufen.
Diese Anweisungen erscheinen auf den ersten Blick viel komplizierter, als sie in Wirklichkeit sind. Die praktische Anwendung wird sehr einfach, wenn man sich anhand der folgenden Mind Map überlegt, warum diese Einteilung erforderlich ist.

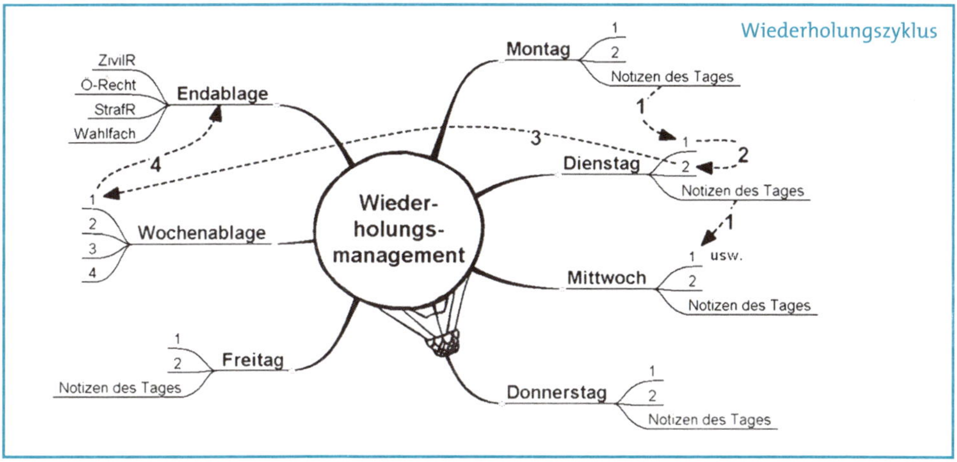

Nun können Sie sicher sein, dass die Lerninhalte fest im Gedächtnis verankert sind und im Examen problemlos zur Verfügung stehen. Außerdem hat man durch die Ordner jederzeit einen Überblick über seinen derzeitigen Wissensstand und kann erkennen, in welchen Rechtsgebieten noch Lücken bestehen.
Ein paar Tipps für eine sinnvolle Strukturierung dieser Ordner werden im Folgenden gegeben.

5. Tipps für eine systematische Einordnung der Lerninhalte in die Ordner

Es steht fest, dass das Gedächtnis leichter zu einem Ganzen geordnete als voneinander getrennte Fakten behält. Darüber hinaus beschleicht uns ein Gefühl von Entmutigung und Unordnung, wenn die Daten sich nicht in eine passende Struktur einordnen lassen. Das wird derjenige erleben, der „büffelt" und seinem Gedächtnis ein wüstes Durcheinander von Begriffen zu schlucken gibt, ohne sich die Zeit zu nehmen, nach dem Zusammenhang zu suchen. Ein solches Lernen wird als unangenehm empfunden und liefert enttäuschende Ergebnisse: Das Gedächtnis vergisst diese zerstreuten Informationen. Es geht nun darum, in den Ordnern eine sinnvolle Struktur vorzugeben, in die sich die Lerninhalte einordnen lassen. Veranschaulichen möchten wir dies für das Rechtsgebiet BGB AT. Entsprechende Übersichten für alle Rechtsgebiete liegen der Wiederholungsmappe bei.

Nehmen wir an, Sie hätten sich zu den Themen „Bestandteile einer Willenserklärung" und „Rechtsbindungswille" aus dem Hemmer Skript BGB AT I (Rdn. 49 ff. und Rdn. 70 ff.) folgende Mind Maps erstellt.

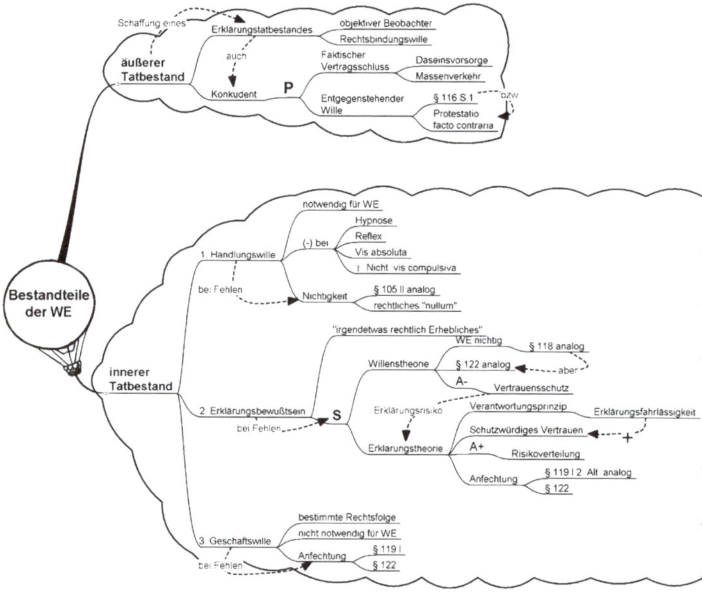

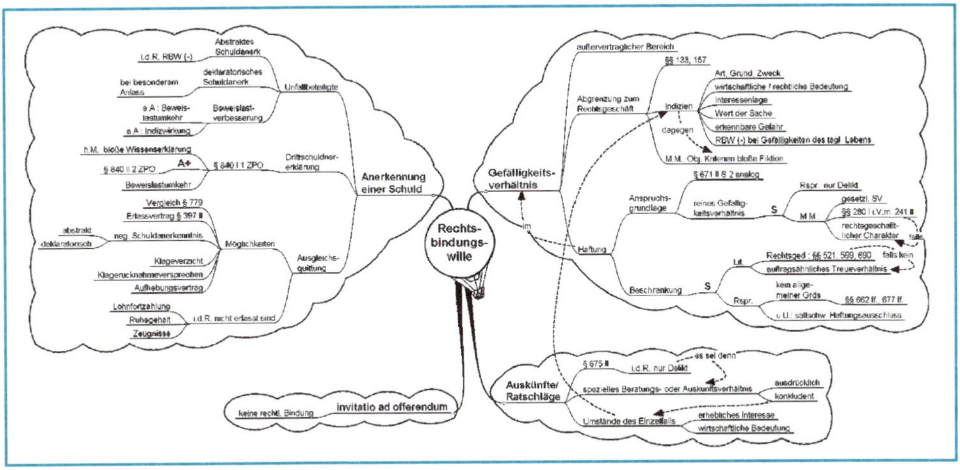

Nach der 4. Wiederholung geht es nun darum, diese in die Endordner einzusortieren. Dafür muss zunächst eine sinnvolle Strukturierung vorgegeben werden. Auch dafür leistet das Mind Mapping vortreffliche Dienste. Als Hauptübersicht eignet sich eine Mind Map, die alle Themen umfasst, die für den Bereich BGB AT examensrelevant sind. Diese lässt sich aus dem Inhaltsverzeichnis der Skripten BGB AT I-III erstellen.

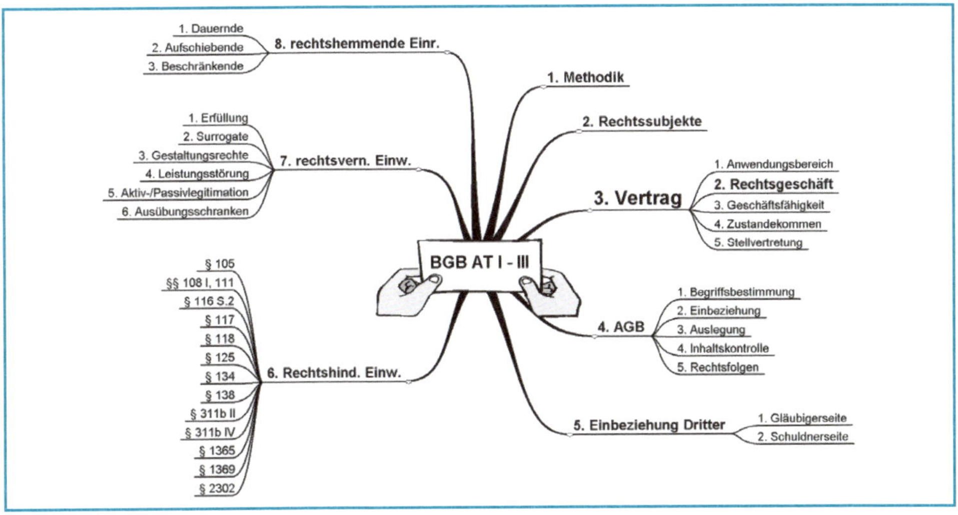

Sind solche Übersichten erst einmal erstellt, erleichtert dies Ihr weiteres Lernen erheblich, da Sie jederzeit vor Augen haben, wo sich der Lernstoff einordnen lässt.
Unsere beiden Wissens-Mind Maps würden nun in den Themenbereich „3. Vertrag / 3.2 Rechtsgeschäft" fallen. Da diese Übersichts - Mind Map sehr grob ist, sollten zu den einzelnen Hauptthemen detailliertere Übersichten erstellt werden.
Für den Bereich „3. Vertrag" bietet sich folgende Zwischenübersicht an:

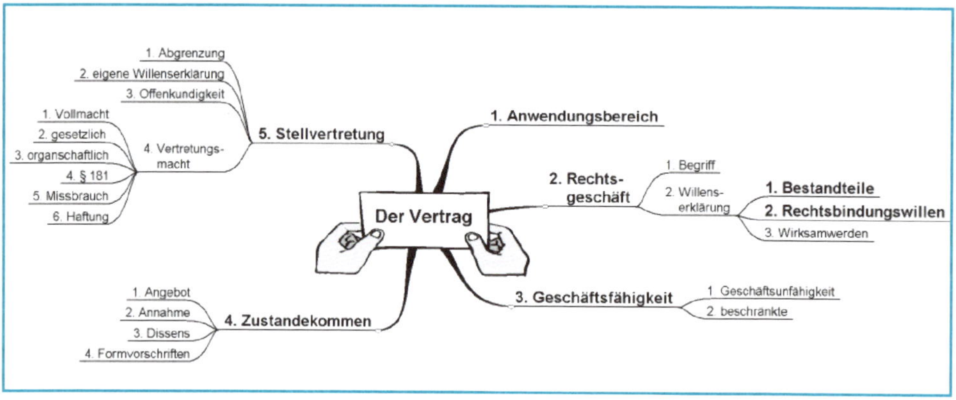

Die beiden Wissens - Mind Maps lassen sich nun an der entsprechenden Stelle hinter dieser Übersicht einordnen. Auf diese Weise haben Sie auch jederzeit den Stand Ihres derzeitigen Wissens vor Augen und können kontrollieren, an welchen Stellen Ihnen noch examensrelevante Lerninhalte fehlen.

Da ein effektiver Wiederholungsrhythmus jedoch wie erwähnt nur ein sehr kleiner Ausschnitt aus dem gesamten Lernprozess ist, möchten wir nun noch einen Gesamtüberblick über diesen und die wirkungsvollsten Lerntechniken geben.

6. Examensmanagement mit Mind Mapping & Co

Die Schwierigkeiten des Jurastudiums zeigen sich besonders in der Examensvorbereitung. Der potentielle Lernstoff erscheint mit allen Detailinformationen nahezu unüberschaubar. Es ist oft schwer, einen Überblick über die einzelnen Gebiete zu gewinnen, neues Wissen an der richtigen Stelle einzuordnen und Wesentliches von Unwesentlichem zu unterscheiden.
Hinzu kommt, dass die juristische Stofffülle oft sehr abstrakt und daher lerntechnisch wenig „gehirngerecht" dargeboten wird.
Die Zeit scheint vorne und hinten zu fehlen, so dass der eine oder andere lieber darauf verzichtet, sich eigene Notizen zu machen und das Gelernte übersichtlich zusammenzufassen.
Man hat ständig das Gefühl, gegen das Vergessen anzukämpfen. Sobald man etwas Neues lernt, scheint das Alte schon wieder zu verschwinden.
Überdies ist es ein Problem, sich jeden Tag aufs neue motiviert und konzentriert an seinen Schreibtisch zu setzen. Nur allzu oft stellen sich Lernstress und Prüfungsängste als unüberwindbare Blockaden dar. Gefragt sind nun Techniken, die diesen Problemen wirksam begegnen. Leider werden die folgend vorgestellten Methoden in Schule und Studium kaum angesprochen, geschweige denn eingeübt. Zwar gibt es eine ganze Reihe mehr oder weniger guter Bücher, jedoch können auch diese nur einen Überblick über die Methodik bieten und an die Themen heranführen. Erlernt werden die folgenden Techniken durch die praktische Anwendung.
Nachfolgende Mind Map verdeutlicht die verschiedenen Stufen, die beim Lernen durchlaufen werden.

Lernzyklus

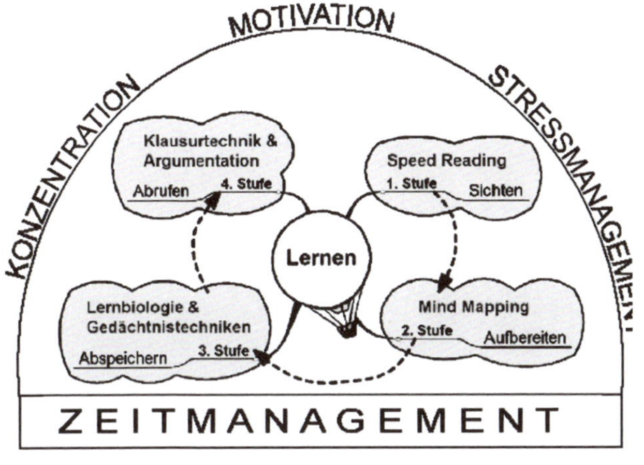

Folgend möchten wir Ihnen einen knappen Überblick über diesen Lernprozess geben, der in 4 Stufen abläuft.

1. Stufe

Auf der ersten Stufe werden die Informationen zunächst gesichtet und sollten anschließend in Form von Notizen aufbereitet und strukturiert werden. Für das Sichten der Lerninhalte sind diverse Schnell-Lese-Techniken eine große Hilfe.

Speed Reading

Neben dem enormen Zeitgewinn lässt sich durch diese Art des Lesens - entgegen der verbreiteten Ansicht - auch das Verständnis erheblich erhöhen. Zudem wird ein schneller Leser seine ganze Aufmerksamkeit immer konzentriert auf den Text gerichtet haben, da das Gehirn bei hohen Lesegeschwindigkeiten überhaupt keine Möglichkeit erhält, mit den Gedanken abzuschweifen. Bei einer normalen Lesegeschwindigkeit von ca. 200 Wörtern pro Minute ist das Gehirn dagegen unterfordert und beschäftigt sich mit anderen Dingen. Dies ist auch der Grund, warum wir ab und zu am Ende einer Seite überhaupt nicht wissen, was wir gelesen haben und nochmals von vorne lesen müssen.
Ziel ist es, die gängigen Lesefehler abzustellen und anschließend neben anderen Punkten vor allem die Blickspanne zu erweitern. Denn wenn wir einen Satz lesen, lesen wir ihn nicht auf die individuelle Bedeutung jedes einzelnen Wortes, sondern auf die Bedeutung der Gesamtaussage hin, in die die Wörter integriert sind. Der langsame Leser hat mehr geistige Arbeit zu leisten als der schnellere, flüssigere Leser, weil er die Bedeutung jedes Wortes zur Bedeutung jedes folgenden Wortes addieren muss. Der rationelle Leser, der Bedeutungseinheiten absorbiert, braucht weniger Additionen. Mit der Erhöhung des Lesetempos steigt somit auch das Verständnis.

Vor allem jedoch wird der nächste Schritt – Notizen anfertigen – erleichtert, da man in kurzer Zeit einen Gesamtüberblick über den zu sichtenden Text erhält.

2. STUFE

Diese Aufbereitung auf der zweiten Stufe ist für den Lernprozess von entscheidender Bedeutung, da eine Information umso besser behalten wird, je intensiver sie bearbeitet wurde. Doch verlangt unser limbisches System (einer der drei Hauptbereiche unseres Gehirns) auch eine sinnvolle Strukturierung des Lernstoffes. Hierfür ist das Mind Mapping die beste Methode.

Mind Mapping

Diese Technik wurde von Tony Buzan bereits Anfang der 70er Jahre entwickelt. Mind Maps sind die effektivste Methode, sich Notizen zu machen. Dabei steht das Thema in der Mitte des Blattes und von dort aus verzweigen sich alle Gedanken.
In einem ersten Schritt können in einer „Haupt - Mind Map“ die gesamten Inhalte eines Rechtsgebietes dargestellt werden. Dadurch verschaffen Sie sich einen ersten Überblick über den Stoff und legen in Ihrem Wissensnetz ein Grobraster an. In der Folge kann das Gedächtnis über die „Detail - Mind Maps“ nun neues Wissen so einordnen, dass Sie es später wieder abrufen können. Sie wissen jederzeit, wo Sie sich befinden.
Das Gedächtnis braucht zum Lernen Struktur. Auf keine andere Weise können die Lerninhalte so übersichtlich dargestellt werden wie in einer Mind Map. Die relative Bedeutung der Information wird sofort deutlich, je nachdem, ob sie sich auf einem Hauptast oder einem Unterzweig befindet. Über Verknüpfungen zwischen den einzelnen Ästen können die entscheidenden Zusammenhänge zwischen den einzelnen Bereichen anschaulich dargestellt werden. Selbst die komplexesten Fälle des Hauptkurses verlieren ihre Schwierigkeit, sobald sie übersichtlich in einer Mind Map dargestellt werden.
Lineare Schemata verführen dazu, jeden einzelnen Punkt schematisch abzuhandeln. Eine Mind Map ist dagegen dynamisch. Es fällt sehr leicht, einzelne Äste in Gedanken auszublenden bzw. zu vergrößern oder zu verkleinern.
Vor allem aber ist eine Mind Map nach allen Seiten offen. Wird später neues Wissen zu einem bereits behandelten Thema aufgenommen, lässt sich dieses problemlos einfügen. So kann man seine „Wissens - Mind Maps“ z. B. immer mit der neuesten Rechtsprechung auf einem aktuellen Stand halten.
Das Mind Mapping ist eine Fähigkeit, die durch praktische Übung erlernt werden kann.

Im Vergleich zunächst das Prüfungsschema zu § 823 I BGB in linearer Form und anschließend als Mind Map:

I. Verletzungserfolg

Verletzung eines nach §823 I geschützten Rechts oder Rechtsgutes

II. Verletzungshandlung (bzw. Unterlassen)

III. Haftungsbegründende Kausalität

⇨ Kausalzusammenhang zwischen Verletzungshandlung und Verletzungserfolg

1. Äquivalenz „conditio sine qua non-Formel"

2. Adäquanz

⇨ Handlung adäquat für Erfolg

3. Will die verletzte Norm nach ihrem Sinn und Zweck gegen solche Verletzungen Schutz gewähren?

⇨ Schutzzweck der Norm

IV. Rechtswidrigkeit

⇨ i.d.R. indiziert die Verletzung die Rechtswidrigkeit, es sei denn, es liegen Rechtfertigungsgründe vor (so die Lehre vom Erfolgsunrecht)

V. Verschulden

1. Verschuldensfähigkeit, §§ 827, 828

2. Vorsatz / Fahrlässigkeit, § 276

VI. Eintritt des Schadens

VII. Haftungsausfüllende Kausalität

⇨ Kausalzusammenhang zwischen Rechtsgutverletzung und Schaden

1. Verletzungserfolg ist unabdingbare Voraussetzung für Schaden (Äquivalenz)

2. Verletzungserfolg adäquate Ursache für Schaden

3. Will die verletzte Norm gegen solche Schäden Schutz gewähren? Schutzzweck der Norm

VIII. Schadensumfang, §§ 249 ff.

IX. Mitverschulden, § 254

X. Evtl. gestörte Gesamtschuld

XI. Verjährung, §§ 195, 199

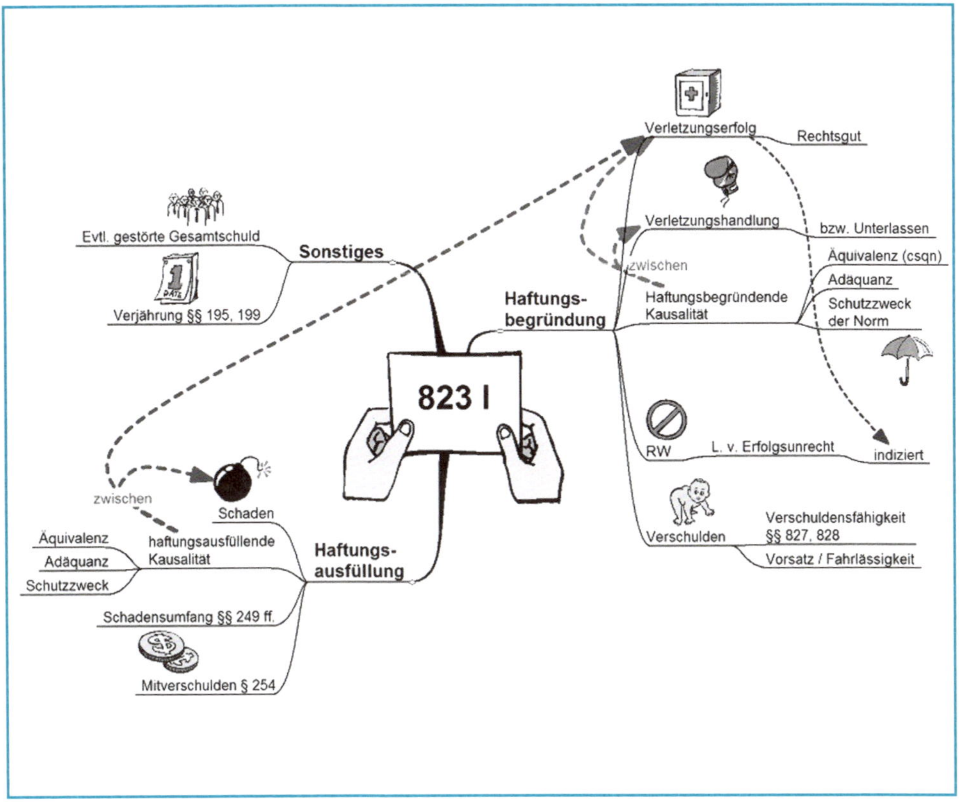
823 I
Haftungs-
begründung
Verletzungserfolg
Rechtsgut
Verletzungshandlung
bzw. Unterlassen
zwischen
Haftungsbegründende
Kausalität
Äquivalenz (csqn)
Adäquanz
Schutzzweck
der Norm
RW
L. v. Erfolgsunrecht
indiziert
Verschulden
Verschuldensfähigkeit
§§ 827, 828
Vorsatz / Fahrlässigkeit
Sonstiges
Evtl. gestörte Gesamtschuld
Verjährung §§ 195, 199
Haftungs-
ausfüllung
zwischen
Schaden
haftungsausfüllende
Kausalität
Äquivalenz
Adäquanz
Schutzzweck
Schadensumfang §§ 249 ff.
Mitverschulden § 254

3. Stufe

Auf der dritten Stufe zeigt sich nun, wie gut auf der ersten Stufe gearbeitet wurde. Das Verständis beim Lesen und die Qualität der Notizen sind ausschlaggebend dafür, wie leicht diese Informationen nun abgespeichert werden können. Dabei ist es vor allem wichtig, die Grundlagen der Lernbiologie zu berücksichtigen (da ansonsten selbst ein tägliches Lernen von morgens bis abends vergebens sein kann) und über effektive Gedächtnistechniken und -strategien zu verfügen.

Gedächtnis

Ihr Gehirn speichert Bilder 100 mal schneller als Worte. Bereits in der Antike war dies den großen Rednern bekannt. In ihrem Geist errichteten sie umfangreiche Gedankenpaläste, in die sie bildhaft unvorstellbar große Mengen an Informationen ablegten.
Um die juristischen Lerninhalte wieder „re-konstruieren" zu können, kommt es entscheidend auf die „Konstruktion" beim Lernen an. Es geht folglich darum, sich für die einzelnen Rechtsgebiete geeignete Merkmuster (ähnlich wie die Gedankenpaläste) anzulegen. An diese nun vorhandenen Wissensfäden wird das neu aufgenommene Wissen angeknüpft. Das Mind Mapping unterstützt diesen Prozess, da es in optimaler Weise beide Gehirnhälften beim Lernen einbezieht, und durch die Visualisierung bleiben die Informationen viel leichter im Gedächtnis.
Wichtig ist auch, die lernbiologischen Grundlagen zu beachten. Denn gegen diese anzulernen ist schwer, wenn nicht gar unmöglich. In diesen Bereich gehört neben vielen anderen Punkten auch der oben angesprochene Wiederholungsrhythmus. Durch effektive Wiederholungseinheiten – die durch gehirngerechtes Lernen reduziert werden können – haben Sie in Zukunft Ihr examensrelevantes Wissen immer parat, und Sie können sich voll und ganz auf die Feinheiten der Fälle konzentrieren. Hier kommt ein weiterer Vorteil des Mind Mapping zum Zuge. Denn das Erstellen der Notizen und das Wiederholen nimmt im Gegensatz zu herkömmlichen linearen Notizen viel weniger Zeit in Anspruch.

4. Stufe

Das Abrufen des Wissens auf der vierten Stufe stellt kein Problem mehr da, sofern beim Abspeichern die richtigen Gedächtnistechniken angewendet und die lernbiologischen Grundregeln beachtet wurden. Gelernt werden muss aber noch die richtige Anwendung des Wissens auf den konkreten Fall. Für das Jura-Examen bedeutet dies das Erlernen der wesentlichen Klausur- und Argumentationstechnik. Denn im Examen geht es um die Anwendung am konkreten Fall.

7. Lohnt sich eine Umstellung für mich überhaupt?

Einen Einblick wollen wir Ihnen mit dem beiliegenden Kurzskript vermitteln.
Der oftmals vorgebrachte Einwand, keine Zeit für das Erlernen neuer Arbeitstechniken zu haben, lässt sich mit der Geschichte von einem Waldarbeiter vergleichen:

Wanderer treffen im Wald auf einen Mann, der fieberhaft damit beschäftigt ist, einen Baum umzusägen.

„Was machen Sie da?“ fragen sie.
„Das sehen Sie doch“ antwortet er ungeduldig, „Ich säge diesen Baum ab.“
„Sie sehen erschöpft aus! Wie lange sägen Sie denn schon?“
„Über 5 Stunden und ich bin k.o.! Das ist harte Arbeit.“
„Warum machen Sie dann nicht ein paar Minuten Pause und schärfen die Säge? Sicherlich geht es dann viel schneller.“
„Ich habe keine Zeit, die Säge zu schärfen“, ruft der Waldarbeiter hektisch. „Ich bin zu sehr mit dem Sägen beschäftigt.“

Daher rührt wohl auch der bekannte Ausspruch von Abraham Lincoln: „Hätte ich 5 Stunden Zeit einen Baum zu fällen, würde ich 3 Stunden damit verbringen, die Axt zu schärfen.“

In dieser Fähigkeit, sich auf neue Situationen einzustellen und neue Verhaltensweisen hinzuzulernen, liegt gerade das Geheimnis von erfolgreichen Menschen.
Zahlreiche Untersuchungen mit Studenten, die in verschiedenen Ländern durchgeführt wurden, haben gezeigt, dass der Erfolg an der Universität unmittelbar von den angewandten Arbeitsmethoden abhängt: Die Studenten mit den besten Ergebnissen sind die, die verschiedenartige, effiziente Techniken einsetzen.
Leider steht uns häufig unser limbisches System (eines der drei Hauptbereiche unseres Gehirns, in dem auch unser Gefühlsleben angesiedelt ist) im Wege, das sich vehement gegen Änderungen sträubt und lieber in gewohnten Bahnen bleibt. Hier besteht die Kunst darin, dieses durch erste Erfolgserlebnisse von der Notwendigkeit und Richtigkeit einer Veränderung zu überzeugen.

Die Gewerbedefinition

Daher nun beispielhaft eine kleine Übung:
Folgende Definition ist fast jedem Jurastudenten in seinem Studium schon unzählige Male begegnet und ebenso unzählige Male vergessen worden:

Ein Gewerbe ist jede nach außen gerichtete, erlaubte, planmäßige, selbständige und auf Gewinnerzielung gerichtete Tätigkeit mittels kaufmännischer oder technischer Fähigkeiten, die weder freiberuflicher, wissenschaftlicher noch künstlerischer Natur ist.

Ziel unserer Übung ist es nun, diese Definition möglichst in einem Durchgang dauerhaft abzuspeichern. Ein erster Schritt besteht darin, diese Informationen strukturiert aufzubereiten (Struktur ist für das limbische System von entscheidender Bedeutung!).

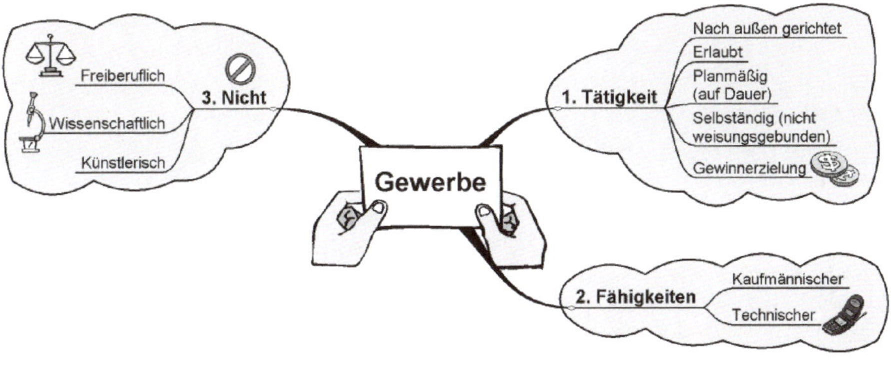

Nun geht es ans Abspeichern. Dabei möchten wir auf einen kleinen Unterpunkt der 3. Stufe des Lernprozesses näher eingehen – das Visualisieren des Lernstoffes.

TIPP: *Das Gehirn denkt in Bildern und nicht in Worten. Deshalb ist es auch so entscheidend für den Lernerfolg, sich neue Informationen bildhaft vorzustellen. Die Kunst besteht darin, für einzelne Begriffe oder Voraussetzungen jeweils ein Bild oder Symbol zu finden, und diese zu einer Kette oder Geschichte zu verbinden. Auch wenn das am Anfang noch ungewohnt erscheinen mag; alles was am Schluss zählt, ist der Erfolg.*

Nun eine Beispielsgeschichte für die Gewerbedefinition. Es kommt vor allem darauf an, sich das folgende Szenario als inneren Film vorzustellen:

Als Gewerbe nehmen wir zunächst einen Gasthof. In diesem Gasthof kann man auch in einem kleinen Biergarten draußen sitzen (nach außen gerichtet). An einem dieser Tische sitzt ein Polizist (erlaubt) und isst eine Dauerwurst (auf Dauer = planmäßig). Plötzlich stürmt aus dem Gasthof eine Bedienung, die wutentbrannt ihren Geldbeutel auf den Boden knallt und lauthals erklärt, sich nun mit einem Café selbständig zu machen (selbständig). Dabei schnappt sich unser Polizist das Geld, das aus dem Beutel am Boden quillt (Gewinnerzielung) und ergreift den Wirtschaftsteil seiner Zeitung (kaufmännische Fähigkeiten), um nach kurzer Information über sein Handy (technische Fähigkeiten) Aktien zu ordern. Schnell verlässt unser Polizist den Gasthof durch die Hintertür (denn jetzt kommen die Ausschlusstatbestände: kein Gewerbe). Jedoch hat ein Rechtsanwalt (freier Beruf), der sich in einem Busch versteckt hielt, den ganzen Hergang mit einem Mikroskop (wissenschaftlich) beobachtet und schüttet dem Polizisten einen Eimer Farbe (künstlerisch) über den Kopf, um ihn an der Flucht zu hindern.

Versuchen Sie, diese Geschichte zu verinnerlichen, und überprüfen Sie dann, ob Sie alle Merkmale der Definition parat haben.

Am Anfang wird sich sicherlich jeder fragen, wie in aller Welt man auf solche Geschichten kommen soll. Mit den richtigen Techniken und ein wenig Übung wird es jedem sehr leicht fallen, solche Bilder selbst zu erzeugen. Diese Übungen erhöhen die Kreativität unglaublich und sind auch das beste Konzentrationstraining. Neben der linken Gehirnhälfte, die logisch und analytisch denkt, wird auf diese Weise auch die rechte Gehirnhälfte einbezogen, die u.a. mit Bildern arbeitet. Optimales Lernen erfolgt nur bei einer Kombination beider Gehirnhälften.

Die Fluggesellschaft

Für die Gewerbedefinition sind auch folgende Beispiele denkbar.
Ausgangspunkt ist eine Fluggesellschaft. Von dem Flugzeug wird eine Treppe herab gelassen (nach außen gerichtet). Nachdem alle Passagiere eingestiegen sind, gibt ein Lotse den Abflug frei (erlaubt). Der Pilot überprüft noch einmal die Route auf seinem Flugplan (planmäßig) und schaltet nach dem Start den Autopiloten aus, um das Flugzeug selbständig zu steuern. An Bord verkauft eine Stewardess Zigaretten (Gewinnerzielung), wozu sie aufwendige Werbebroschüren verteilt (kaufmännische Fähigkeiten) und die Umrechnungskurse jeweils mit einem Taschenrechner berechnet (technische Fähigkeiten). Nicht im Flugzeug mitgenommen (Ausschlusstatbestände) wurden ein Rechtsanwalt (freier Beruf), da er laufend den Vertrag anfechten will, ein Wissenschaftler, der das ganze Flugzeug umbauen und ein Künstler, der es bunt anmalen wollte.
Auch folgende Geschichte ist möglich: Das älteste Gewerbe der Welt:
Startbild ist das horizontale Gewerbe.
Eine Prostituierte steht auf ihrem Balkon und blickt auf die Straße (nach außen gerichtet). Unten geht ein Polizist vorbei, kümmert sich aber nicht weiter um sie, da es außerhalb des Sperrbezirks erlaubt ist. Sie hält einen Plan in der Hand, auf dem steht, wie viele Freier sie an diesem Tag noch empfangen muss, um ihr Soll erfüllen zu können (planmäßig). Einen zwielichtigen Herren mit Goldkettchen, der ihre Einnahmen herausverlangt, schickt sie schnell davon, da sie nicht weisungsgebunden, sondern selbständig arbeitet. Vielmehr verstaut sie ihr Geld in einem prall gefüllten Beutel, der an ihrer Hüfte hängt (Gewinnerzielung). Mit einem Rechenschieber berechnet sie kühl ihre Einnahmen (kaufmännische Fähigkeiten), die deshalb so hoch ausfallen, weil sie für ihre Technik weit und breit berühmt ist (technische Fähigkeiten). Allerdings hat sie auch Grundsätze. Sie empfängt nicht jeden (Ausschlusstatbestände): Keine aalglatten Anwälte mit Anzug, Krawatte, und Aktentäschchen in der Hand (freier Beruf); keine versponnenen Professoren in weißen Kitteln und grauem, wirren Haar (wissenschaftlich) und natürlich auch keine Maler (künstlerisch), die meistens ungepflegt sind und kein Geld haben.

TIPP: *Wichtig bei dieser Übung ist vor allem, die Geschichten wie einen Film vor dem inneren Augen zu sehen und möglichst alle weiteren 4 Sinne einzusetzen. Wenn es die ersten Male nicht so recht klappen will, bitte nicht gleich aufgeben.*
Keine Angst. Es geht beim Lernen nun nicht darum, sich zu allem und jedem solche Bildergeschichten auszudenken. Diese Beispiele sollten nur die Funktionsweise der rechten Gehirnhälfte, die vor allem bildhaft denkt, beim Lernen verdeutlichen. Sie erlernen so vielmehr Methoden, wie Sie diesen Gehirnbereich ausprägen und zu einem sehr guten natürlichen Gedächtnis gelangen. Sie werden sich dann neue Informationen mühelos auch ohne solche

„Hilfsmittel“ und „Krücken“ einprägen können.
Abschließend wollen wir noch kurz aufzeigen, dass mit den richtigen Lerntechniken selbst ein Jurastudium in der Examensvorbereitung Spaß machen kann.

8. Spaß am Lernen trotz bevorstehendem Examen?

Kennen Sie nicht selbst das Gefühl, total in eine Tätigkeit zu versinken und dabei völlig das Zeitgefühl zu verlieren? Bei sportlichen Betätigungen und Dingen, die uns Spaß machen, erleben wir diesen Zustand besonders häufig. Dies sind Situationen, in denen Ihnen alles zu gelingen scheint. Der US-Wissenschaftler ungarischer Abstammung Mihaly Csikszentmihalyi (sprich: Tschik-schent-mi-hai) begann zu erforschen, wodurch sich dieser besondere Zustand auszeichnet und was der gemeinsame Nenner von Menschen ist, die sich in diesem Zustand befinden. Nach vielen Jahren konnte er das Phänomen erklären und gab ihm den Namen *„FLOW“*- einen Zustand, in dem „alles fließt“.
„FLOW“ tritt so gut wie nie auf, wenn man Routinearbeiten ausführt. Dann fühlen wir uns unterfordert und verspüren Langeweile. Einer der maßgeblichen Faktoren ist die Herausforderung. Allerdings muss die konkrete Herausforderung auch mit den eigenen Fähigkeiten im Einklang sein, denn auch oberhalb unseres Fertigkeiten-Niveaus ist kein *„FLOW“* möglich. In diesem Fall sind wir überfordert und geraten in Stress.

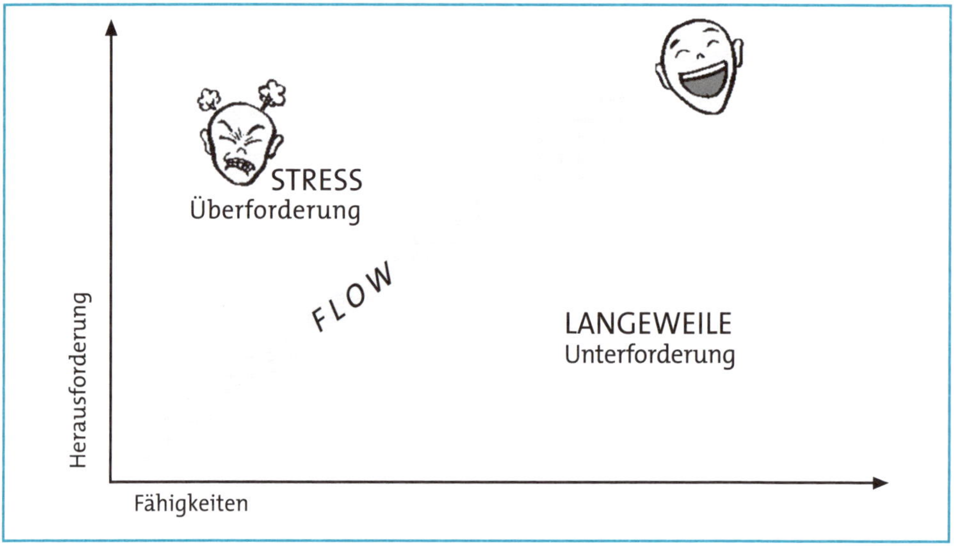

Verdeutlichen lässt sich dies an dem Beispiel eines Windsurfers, der in einer Bucht bei etwa drei Windstärken auf seinem Surfbrett unterwegs ist. Die Windstärke entspricht dabei seinen Fähigkeiten und er hat Spaß daran. In seinem Übermut fährt er nun aufs offene Meer hinaus, wo ein ganz anderer Wind von ca. sechs Windstärken weht. Mit dieser Situation ist er überfordert. Er wird ins Wasser geworfen und hat keine Chance mehr, das Segel wieder hochzuziehen. Während er mit seinem Brett immer weiter vom Ufer abtreibt, muss er erkennen, dass die Herausforderung im Vergleich zu seinen Fähigkeiten viel zu hoch war. Das Ergebnis sind Stress und Angst bis hin zu Panik.
Anders würde sich die Situation für einen erfahrenen Surfer darstellen. Bei drei Windstärken würde dieser sich erst garnicht auf sein Brett begeben. Die Herausforderung wäre im Vergleich zu seinen Fähigkeiten viel zu gering. Er würde sich unterfordert fühlen und sich langweilen.

Nachdem Csikszentmihalyi dies erkannt hatte, wurde ihm klar, dass man jede Tätigkeit (also auch das Lernen) zu einer *„FLOW“*-Tätigkeit machen kann, sofern die Voraussetzungen dafür gegeben sind.
Bezogen auf das Jurastudium bedeutet dies, dass unsere Fähigkeiten bzgl. des Lernens mit der Herausforderung „Examen“ im Einklang sein müssen. Mit den herkömmlichen Lernmethoden werden wir uns aber meistens durch die Stofffülle und Komplexität überfordert fühlen und viel zu oft in Stress geraten. Um Freude am Lernen zu haben, ist es deshalb besonders wichtig, seine Fähigkeiten durch effektive Lerntechniken den Herausforderungen anzupassen. Dann kann selbst eine Examensvorbereitung Spaß bereiten.

Auf diesem Weg zur optimalen Lernmethode und zum erfolgreichen Examen wünschen wir Ihnen viel Erfolg.

Weitere Informationen unter www.hemmer.de

„Optimieren Sie Ihre Lernzeit durch auditives Lernen!“

hemmer/wüst Verlag

[AudioCards]

by hemmer